이단

이단

지은이 | 탁지일
초판 발행 | 2014. 8. 26
5쇄 발행 | 2019. 9. 17.
등록번호 | 제3-203호
등록된 곳 | 서울특별시 용산구 서빙고로 65길 38 두란노빌딩
발행처 | 사단법인 두란노서원
영업부 | 2078-3352   FAX 080-749-3705
출판부 | 2078-3331

책값은 뒤표지에 있습니다.
ISBN 978-89-531-2078-5 03230

독자의 의견을 기다립니다.
tpress@duranno.com   http://www.duranno.com

이 책은 《이단》(두란노아카데미)의 개정증보판입니다.

이단

탁지일 지음

두란노

부록
이단 연구의 역사와 교훈

서문

한국 교회 이단 문제는 세월호 사건 이전과 이후로 나뉜다. 이단 문제가 교리의 문제를 넘어 심각한 사회적 문제를 야기할 수 있는 위험성이 내재되어 있다는 공감대가 한국 사회에 폭넓게 형성되었기 때문이다. 무엇보다도 사건의 본질은 희생자들과 그 가족들이다.

길거리의 청소년들을 보면, 이쁘고, 고맙고, 미안하다. 세월호 희생자들의 문자나 동영상을 차마 보지 못하고, 떨리는 마음으로 고이 접어 가슴 깊이 담아 두는 것이 이 시대 부모들의 마음이다. 하물며 희생자 가족들의 마음은 어떨지 차마 상상조차 할 수 없다.

세월호 사건 직전에 제주도로 수학여행을 다녀온 사랑하는 막내딸을 가만히 보고 있노라면 가슴이 먹먹해진다. 게다가 요즘 군대에서 일어나는 비상식적이고 반인륜적인 일들을 보고 있노라면, 열심히 군 복무 중인 큰아들과 입대를 준비하는 둘째 아들에게 무슨 말을 해 줘야 할지 모르겠다. 다른 욕심 없이, 그저 평범한 가정의 자녀와 부모로 무난하게 살아가는 것조차 참 힘든 세상이다.

평범한 삶을 소망하는 어느 누구라도 이단 문제의 희생자가 될 수 있다. 피해자의 눈과 애통하는 마음으로 이단 문제를 바라볼 때 이단 문제의 본질과 위험성을 이해할 수 있다. 나는 이단 대처 활동에 애쓰시던 선친 탁명환 소장을 이단자의 칼에 잃었을 때 비로소 이단 문제가 얼마나 무서운지 깨달았다. 이단 문제는 우리가 사랑하는 사람, 우리에게 소중한 무언가를 순식간에 빼앗아갈 수 있다는 사실을 결코 잊어서는 안 된다.

사랑하는 사람을 다시는 만날 수 없다는 아픔과 절망을 매일매일 느끼며 살아가는 이단 피해자들이 우리 곁에 있다. 세월호 희생자들과 그 가족들의 눈으로 바라보지 않으면 이단 구원파의 본질과 위험성을 깨달을 수 없고, 사랑하는 자녀와 배우자를 이단에게 빼앗기고 고통받는 이단 피해자들의 마음으로 바라보지 않으면 신천지와 같은 반사회적 이단들의 정체와 해악을 결코 알 수 없다.

한편 비성서적이고 비상식적인 이단도 문제지만, 교회 내의 극단적 열광주의도 경계해야 한다. 경건주의 운동과 복음주의적 각성 운동이 유럽과 북미에서 진행되던 시점에도 멈추지 않았던 소위 마녀사냥은 청교도 역사의 어두운 일면으로 남아 있는 것을 교회사는 증언한다. 정확하고 공신력 있는 근거와 주변 사회의 상식적인 동의가 없는 이단 규정은 극단적 열광주의 표출의 통로와 교권 강화의 수단으로 전락할 위험이 있다.

교회는 박해와 고난을 만날 때 신앙의 성숙과 성장을 경험한다. 하지만 성장과 평안의 때에 그 신앙의 변질과 이단의 발흥을 경험한다. 교회 성장의 때는 곧 이단 발흥의 때인 것이다. 이단들은 동시대 교회가 결여한 기독교적 정체성을 비판하며, 자신들의 존립 근거를 확보해 나아간다. 교회의 성장과 함께 이단도 등장한다는 점이 안타깝지만, 이단의 발흥은 교회의 정체성을 재확립하는 계기가 된다. 이단의 도전은 교회의 올바른 신학과 신앙을 공고히 하는 중요한 전환점이 된다.

무엇보다도 최근 이단들은 끊임없이 스스로를 업그레이드하며, 교회보다 더 윤리적이고 순수한 모습으로 다가오고 있다. 속은 노략질하는 이리지만, 양의 옷을 입고 우리에게 다가온다(마 7:15). 그리고 이러한 거짓 형제들이 가만히 우리 가운데 들어와 예수 안에서 우리가 가진 자유를 엿보고 우리들을 자신들의 종으로 삼으려고 호시탐탐 노리고 있다(갈 2:4).

'착한 이단'과 '나쁜 교회'가 있다면, 한국 사회는 누구를 더 선호할까? 교회 개혁과 이단 대처는 동전의 양면이다. 자기 개혁을 멈추지 않는 교회만이 이단의 도전에 효과적으로 대처할 수 있다. 교회가 건전성을 상실할 때, 이단은 교회를 비판하며 자신들을 대안 세력으로 포장해 세상을 미혹한다.

세월호 사건으로 인한 한국 사회의 구원과 비판은 곧 한국 교회에 대한 지지를 의미하지 않는다. 이러한 비판은 언제든지 부메랑이 되어 한국 교회를 향할 수 있다. 세상의 빛과 소금의 역할을 하는 순결하고 건강한 교회만이 진화하는 이단들을 막아낼 수 있다.

선친의 사역과 죽음으로 인해, 나에게 운명처럼 주어진 이단 연구와 대처 사역은, 사는 동안 피해갈 수 없는 인생길이 되어 버렸다. 그래서 피해 갈 수 없다면, 담담하고 무덤덤하게 받아들이려고 한다. 선친의 유언처럼, 남들이 칭찬한다고 우쭐할 필요도 없고, 남들이 비판한다고 낙심할 필요도 없다고 생각한다. 그냥 주어진 길, 예수님과 가족에게 부끄럽지 않게 걷다 보면 후회 없는 삶을 살았다고 조심스레 고백할 날이 오리라고 소망한다.

이 책을 접하는 독자들에게 이단 문제의 숲을 바라볼 수 있는 작은 창문이 되기를 바라는 마음이다. 그리고 이 책을 사랑하는 가족들에게 바치고 싶다. 매일매일 지인들을 위한 중보 기도로 새벽을 여는 어머니, 운명처럼 주어진 길을 함께 걷는 동생들, 내 설교와 강의를 좋아하는 그래서 내 삶이 그렇게 이율배반적이지는 않다는 위안을 주는 아내, 세상을 보는 눈과 나를 비춰 볼 수 있는 거울이 되어 준 사랑하는 세 아이들은, 부족한 나에게 하나님께서 허락하신 은혜의 선물이다.

이단이 끊임없이 생겨나는 것은 우연적인 사건이 아니라 주님이 다시 오실 때와 세상 마지막 때의 표징이라고 성서는 증언한다. 그렇기에 이단은 두려움과 회피의 대상이 아니라, 예수 그리스도를 향한 첫사랑을 잃지 않고 우리의 신앙을 순결하게 지켜 나가기 위한 신앙 훈련의 도구로 받아들여야 한다.

예수 그리스도는 이단에 대한 최후의 승리를 그분의 시간에 선포하실 것이다. 우리는 이 승리에 대한 믿음을 가지고 마지막 때를 신실하게 살아가야 한다. 주님의 교회는 영원하며, 그 교회는 세상과 이단을 반드시 이긴다!

2014년 8월

탁지일

01

이단 문제를 바라보는 눈

피해자의 눈으로

선친 탁명환 소장이 하나님 곁으로 가신 지도 벌써 오랜 시간이 흘렀다. 1994년 2월 19일 당시 유학 중이었던 나는 아직도 그날 새벽을 생생하게 기억한다. 아침 수업을 가기 위해 이른 아침 샤워를 마치고 나오던 나는 한국으로부터 선친의 피살 소식을 전해 들었다. 순간 온몸에 힘이 빠지고, 아무런 말도 할 수 없고, 아무런 생각도 나지 않았다.

선친의 죽음. 하지만 하나님은 공평하고 좋으신 분이셨다. 선친의 죽음을 통해 하나님은 우리 가족에게 예기치 못했던 귀한 선물을 많이 주셨다. 먼저, '상처받은 자의 눈'을 주셨다. 세상 사람들의 눈에는 비극적으로 비춰지는 선친의 죽음을 통해 우리 가족은 상처받은 자의 눈을 선물로 받게 되었다. 감사하게도 이 눈을 통해서 주변을 바라보면서 사랑하는 사람을 가슴 아프게 하나님 곁으로 보낸 분들의 아픔을 이해할 수 있었다. 그래서 그분들을 위해 진심으로 마음 아파하며 위로하고 기도할 수 있게 되었다. 하나님의 귀한 선물이다.

둘째로, 하나님은 '소망의 눈'을 주셨다. 삼 형제의 장남으로 자란 나는 선친과의 대화가 많지 않았고, 결혼과 함께 유학을 떠났기 때문에 결혼, 가정 등의 문제를 선친과 이야기할 수 있는 시간을 충분히 갖지 못했다. 무엇보다도 유학 생활 중 태어난 첫아이를 선친의 품에 안겨 드리지 못했던 것이 아직도 못내 아쉽기만 하다. 많은 아쉬움을 뒤로하고 선친은 하나님 곁으로 가셨는데, 이런 아쉬움 가운데 하나님께서는 소망의 눈을 주셨다. 이 눈을 통해서 선친의 죽음을 바라보면, 지금은 우리 가족이 힘든 일을 겪으며 서로 헤어졌지만 언젠가는 주님 곁에서 다시 만나, 못다 한 많은 지난 이야기들을 나눌 수 있는 시간을 하나님께서 반드시 주실 것이라는 소망을 갖게 된다. 작지만 소중한 부활에 대한 확신이다.

마지막으로 선친의 죽음을 통해 하나님께서는 '피해자의 눈'을 우리 가족에게 주셨다. 교회 2,000년의 역사는 우리 주위에 이단으로 인한 피해자들이 없었던 적이 단 한 차례도 없었음을 증언해 주고 있다. 주님은 내가 이단 문제를 연구하고 강의할 때 신학자와 목회자의 입으로만 하지 않도록 도와주신다. 주님은 나 역시도 이단 문제로 인해 선친을 잃은 한 피해자의 눈으로 이단 문제를 바라보게 하신다. 피해자의 눈으로 바라보는 이단 문제, 아마도 가장 강력한 이단 대처 방안일 것이다. 우리가 피해자의 애통하는 눈으로 이단 문제를 바라본다면 우리 가정과 신앙 공동체가 주님 안에서 순결하게 지켜질 수 있을 것이다.

이단 신천지에 대한 방송을 시청하던 중, 딸을 신천지에 빼앗긴 한 아버지의 '슬픈 눈'을 보게 되었다. 금지옥엽으로 키워 온 딸이 어느 날 "당신과 종교의 견해가 맞지 않아 나갑니다. 당분간 교회는 안 나갈 겁니다"
라는 메모만을 남겨 놓고 집을 나갔던 것이다. 딸이 가출하자 아버지는 비
가 오나 눈이 오나 신천지교회 앞에서 딸을 돌려 달라고 1인 시위를 계속
했다. 기자가 아버지에게 언제까지 시위를 계속할 예정이냐고 묻자 아버
지는 눈물을 글썽거리며 "내 딸이 돌아오거나 내가 죽거나"라고 대답했다.
이 말을 하는 아버지의 눈망울을 잊을 수가 없다. 그것은 눈물이 그득 맺힌
'피해자의 눈'이었기 때문이다.

　　2남1녀의 자녀를 둔 나는 막내딸이 귀엽기만 하다. 무슨 일을 해도
그저 사랑스럽기만 한 막내딸이다. 만약 우리 막내딸이 사이비종교에 빠
져 집을 나간다면 나는 어떻게 할까 하고 입장을 바꿔 놓고 생각해 보면,
나는 딸을 위해 1인 시위를 하고 있는 아버지의 마음을 충분히 이해하게
된다. 만약 내 딸이 이단사이비종교의 미혹에 빠져 가출했다면 나 역시도
비가 오나 눈이 오나 딸을 되찾기 위해 무슨 일이든 하고 있을 것이기 때
문이다.

　　세월호 사건이 있기 얼마 전에 딸이 제주도로 수학여행을 다녀왔다.
세월호 사건 후 내 곁에 있는 딸의 모습을 바라보며, 그리고 세월호 관련
현장 사진과 동영상을 차마 보기 힘들어 애써 고개를 돌리는 내 자신을 바
라보며, 세월호 희생자들과 그 가족들의 절망과 고통이 어떨지 아주 작은
부분이라도 이해할 수 있었다.

　　국내선 비행기를 타기 위해 김포공항을 찾을 때마다, 유학을 떠나던
나를 선친이 마지막으로 안아 주던 그 장소를 만난다. 다른 사람들에게는
평범한 장소이지만, 나에게는 선친의 체취와 체온을 생생하게 느낄 수 있
는 아프고 행복한 곳이다. 선친으로 인해 운명처럼 주어진 이단 연구의 길

을 걷고 있는 지금, 선친의 갑작스런 죽음에 대한 트라우마는 아직도 가슴 깊은 곳에 자리 잡고 좀처럼 나오려고 하지 않는다.

이단 문제는 상식이나 논리적으로 이해하기 힘들다. 피해자의 눈으로 이단 문제를 바라볼 때만이 이단 문제의 본질과 위험성을 명확하게 볼 수 있다. 뿐만 아니라 피해자의 눈으로 이단 문제를 바라보면 믿음이 약해도 간절히 기도하게 된다. 피해자의 눈으로 이단 문제를 바라보면 용기가 부족해도 앞장서서 이단과의 선한 싸움을 싸우게 된다. 피해자의 눈으로 바라보는 이단 문제, 가장 효과적인 이단 대처 방안이다.

성서의 눈으로

이단사이비의 발흥은 성서의 예언이며, 주님 재림의 때와 세상 종말의 때의 표징이다. 따라서 우리 신앙인들에게는 이단의 발흥이 걱정과 근심의 대상이 아니라, 종말의 소망 속에 예수 사랑을 잃지 않고 끝까지 견디어 구원에 이르기 위한(마 24:13) '신앙의 훈련'과 주님의 몸 된 교회를 거룩하게 지켜 나가고자 하는(엡 5:27) '신앙의 결단'을 위한 도구로 받아들여야 한다. 우리 신앙인들은 주님의 다시 오심과 심판을 소망과 인내 가운데 기다리면서, 이단사이비로 인해 주님을 향한 우리의 처음 사랑을 잃지 않도록 경각심을 가지고 깨어 기도해야 한다.

이단사이비 문제에 대한 개신교인들의 인식의 현주소를 알 수 있는 공신력 있는 설문 결과가 발표되었다. "한국 교회가 가지고 있는 가장 큰 과제 또는 문제점은 무엇이라고 생각하십니까?"라는 질문에 대해 피설문자인 개신교인과 비개신교인들의 대답은 대동소이했다.[1] 개신교인들과 비개신교인들 모두 양적 팽창주의, 교파주의, 개교회주의를 한국 교회가 당면한 가장 큰 문제점으로 지적했다.

하지만 이단 문제와 관련해서, 비개신교인들은 이단 문제가 한국 교회가 가지고 있는 중요하고 심각한 문제라고 지적하고 있는 반면, 이 문제의 최대 피해자인 개신교인들은 전혀 문제로 느끼고 있지 않았다. 이러한 무관심이 이단 문제를 바라보는 한국 개신교의 현주소인지도 모른다. 하지만 성서는 "많은 사람이 내 이름으로 와서 이르되 나는 그리스도라 하여 많은 사람을 미혹하리라"(마 24:5)고 경고하며 이단에 대한 경계를 강권한다.

예수가 그리스도인 것을 세상에 선포하고, 후세대에게 전하는 것이 기독교인의 사명이다. 우리의 신앙 고백은 복잡한 교리적인 언어들의 유희가 아니라 간결하고 담백한 신앙의 선언이다. 세상의 어떤 가치가 아니라 오직 예수 그리스도만을 따르겠다는 고백이다. 복음은 단순하다. 복음을 믿고, 복음대로 사는 것이 그리스도인의 삶이다.

"그들이 날마다 성전에 있든지 집에 있든지 예수는 그리스도라고 가르치기와 전도하기를 그치지 아니하니라"(행 5:42). 성서는 초기 기독교 공동체의 정체성을 이렇게 증언한다. 또한 2,000년의 기독교 역사는 '예수는 그리스도'라는 신앙 고백이 교회의 기초인 것을 보여 주고 있다. 로마 황제나 일본 천황이 그리스도가 아니라 오직 예수가 그리스도라는 믿음 때문에, 초대 교회와 일제하 한국 교회의 신실한 신앙인들이 박해받고 순교했다.

이단에 대응하는 가장 중요하고 확실한 대처 방안은 예수 그리스도 중심의 삶과 신앙이다. 하나님은 우리가 목회자, 교우, 맡은 사역, 직분 때문에 신앙생활을 하는 것이 아니라 예수만을 바라보며 배우며 따라 살기를 원하신다. 하나님은 우리가 마귀의 정체에 관심을 갖는 것이 아니라 예수에 대해 관심을 갖기 원하신다. 하나님은 우리가 비밀스러운 깨달음을 얻기보다 성서가 증언하는 평범한 예수의 복음에 관심 갖기를 원하신다.

하나님은 우리를 하나 되게 하시며, 예수를 그리스도로 고백하게 하신다. 하나님은 특별한 계시나 탁월한 전도 방법을 주시기 위해 주님의 몸된 교회를 나누지 않으시며, 오히려 예수 중심으로 교회의 가시적 통일성을 유지해 나아가기를 원하신다. 교회의 분열은 '성령의 열매'가 아니라 '육체의 일'인 것을 성서는 우리에게 분명히 증언한다(갈 5:19-23). 하나님은 우리가 성서가 증언하는 예수를 알고, 예수처럼 말하고, 예수처럼 느끼고, 예수처럼 살기를 원하신다. 예수 중심의 삶과 신앙, 가장 적극적인 이단 대처 방안이다.

·
註
1. 한국 교회의 미래를 준비하는 모임,《한국 개신교인의 교회 활동 및 신앙 의식 조사 보고서: 타종교인 및 비종교인과의 비교 분석》(도서출판 두란노, 1999), 124-126.

믿음의 눈으로

성서와 교회사는 이단에 대한 최후의 승리가 우리의 것임을 증언한다. 교회 역사를 보면 안타까운 사실이 한 가지 있다. 그것은 지난 2,000년 동안 이단들과 이들로 인한 피해자들이 항상 있어 왔다는 것이다. 그 반면에 가슴 벅찬 소식도 하나 있는데, 그것은 그토록 많았던 이단들이 주님의 순결한 교회를 완전히 넘어뜨린 적이 결코 없었다는 역사적 사실이다.

교회는 이긴다! 40대 옥한흠 목사의 사도행전 강해 설교들을 모아 엮은 책의 제목이다. 책의 제목을 보는 순간 가슴이 뭉클했다. 냉소적으로, 때로는 비판적으로 한국 교회를 바라봤던 내 모습이 부끄러웠다. 이단 문제로 혼란스러운 한국 교회를 바라보며, 고상한 신앙인의 자세로 한탄만 했지, 부정적으로 바라보았던 그 교회가 영원한 주님의 교회이며, 반드시 승리할 주님의 교회라는 성서의 약속을 잊었던 것이다.[1]

이단 문제로 어려움을 겪는 한국 교회의 무기력함을 바라보면서, 눈에 보이지 않는 교회의 최후 승리를 확신하지 못했다. 교회의 모든 것이 온전히 주님께 속해 있다는 사실을 망각하는 순간, 자신의 의를 지나치게 내세우며 주님의 몸 된 교회를 분열시켰던 노바티안과 도나투스와 같은 우를 범할 수도 있는 것이다. 분명히 교회는 우리의 교회가 아니라 영원하신 주님의 교회이다. 그리고 그 교회는 반드시 이긴다.

　　우리에게는 주님 재림의 날에 이루어질 최후 승리에 대한 굳건한 믿음이 필요하다. 이미 그 승리는 예수 그리스도가 이루었으며, 우리는 단지 그 믿음을 소유하고 살면 되는 것이다. 믿음은 눈에 보이는 것을 믿는 것이 아니라 눈앞에 보이지는 않지만 반드시 이루어지리라는 확신을 갖는 것이다(히 11:1).

　　하지만 이단사이비로 인한 피해가 가정과 교회에서 발생했을 때 쉽게 해결되지 않는 것이 현실이다. 이단 문제는 논리와 상식의 문제가 아니기 때문이다. 만약 논리와 상식의 문제라면 주변의 설득과 노력으로 해결이 가능하겠지만, 이단 문제는 신앙의 문제이고 영적인 문제다. 논리와 상식으로는 접근할 수 없는 문제들로 가득 차 있다. 시간도 오래 걸릴 수 있고, 아픔도 클 수 있다. 그래서 이단 상담은 늘 긴장되고, 어렵고, 가슴 아프다. 하지만 이단 상담은 하느냐 마느냐의 문제가 아니라 어떻게 하느냐의 문제이기 때문에, 오늘도 하나님의 긍휼과 지혜를 간구하며 상담한다.

　　감사한 것은 이단사이비에 대한 승리는 가능성의 문제가 아니라 시간의 문제라는 변함없는 믿음이다. 주님께서는, 그분의 시간에, 그분의 뜻을 이루시기 위해 이단사이비에 대한 최후 승리를 선포하실 것이다. 이단 피해자들과 가족들이 아픔과 탄식 속에서도, 소망을 가지고 인내하며 회복의 그날을 기다려야 하는 이유이다. 이러한 믿음이 마지막 때를 살아가는 우리에게 가장 절실하게 필요하다. 믿음의 눈으로 바라보는 이단 문제, 가장 든든한 이단 대처 방안이다.

•
註
1. 탁지일, "교회는 이긴다", 한국기독공보 (2013. 10. 5).

02

성서와
이단

유대교와 이단

이단을 지칭할 때 사용되는 헬라 어 단어 '하이레시스'(αἵρεσις)는 원래 '선택'(choice)이라는 의미를 지닌 가치 중립적 개념이다.[1] 유대 사회에서 어떤 한 사람이 태어날 경우 그는 운명적으로 유대교 공동체에 속해야만 했다. 유대교는 그에게 종교(religion)일 뿐만 아니라 문화(culture)였고 공동체(community)였다. 유대교 외에는 다른 어떤 종교를 선택할 수 있는 여지가 없었다. 만약 그가 다른 종교를 선택한다면 이는 곧 유대교 공동체와의 결별뿐만 아니라 사회적인 고립을 의미했다.

하지만 유대인들 중 어떤 이들은 유대교 내에서도 바리새파 혹은 사두개파를 '선택'해서 종교 생활을 했다. 사도행전 5장 17절의 "대제사장과 그와 함께 있는 사람 즉 사두개인의 당파가 다 마음에 시기가 가득하여 일어나서", 사도행전 15장 5절의 "바리새파 중에 어떤 믿는 사람들이 일어나

말하되 이방인에게 할례를 행하고 모세의 율법을 지키라 명하는 것이 마땅하다 하니라", 사도행전 26장 5절의 "일찍부터 나를 알았으니 그들이 증언하려 하면 내가 우리 종교의 가장 엄한 파를 따라 바리새인의 생활을 하였다고 할 것이라"에 나타난 "파"가 바로 '하이레시스'(sect, party, school)라는 단어다.

유대교 내의 분파들을 지칭할 경우에 사용된 '하이레시스'라는 표현은 가치 중립적으로 사용되었으며, 부정적인 가치 판단이 내재되어 있지 않았다.

•
註

1. F. L. Cross & E. A. Livingstone, eds., *The Oxford Dictionary of the Christian Church* (London: Oxford University Press, 1997); *The Anchor Bible Dictionary* (New York: Doubleday, 1992) 참고.

예수 공동체와 이단

유대교 내의 분파들인 사두개파나 바리새파를 지칭할 때 사용되던 '하이레시스'는 초기 기독교 공동체의 형성 시기에 접어들면서 예수 공동체를 지칭하는 단어로 사용되었다. 사도행전 24장 5절의 "우리가 보니 이 사람은 전염병 같은 자라 천하에 흩어진 유대인을 다 소요하게 하는 자요 나사렛 이단의 우두머리라", 사도행전 24장 14절의 "그러나 이것을 당신께 고백하리이다 나는 그들이 이단이라 하는 도를 따라 조상의 하나님을 섬기고 율법과 선지자들의 글에 기록된 것을 다 믿으며", 사도행전 28장 22절의 "이에 우리가 너의 사상이 어떠한가 듣고자 하니 이 파에 대하여는 어디서든지 반대를 받는 줄 알기 때문이라 하더라"에서 사용된 "이단" 혹은 "파"가 바로 '하이레시스'이다.

　이 경우에도 지금처럼 이단이라는 단어에서 느껴지는 부정적인 가치 판단이 포함되어 있지는 않았다. 하지만 바울 서신과 속사도 시대로 가면서 '하이레시스'라는 표현 속에는 오늘날의 부정적 의미가 점차적으로 담기기 시작한다.

사도 시대의 이단

'하이레시스'의 가치 중립적인 의미는 후대로 접어들면서, 특히 교부 안디옥의 이그나티우스(Ignatius of Antioch, 35-107) 이후에는 신학적 오류를 범한 개인이나 집단을 지칭할 때 사용되기 시작했으며, 이때부터 부정적인 가치 판단이 내재되기 시작했다. 주로 '교회 안의 분열'을 일으키는 이들이나 '잘못된 가르침'을 주는 이들에 대해 사용되었다.

대부분의 바울 서신에는 이단의 위협으로부터 교회의 분열을 막고 정통 교리를 지키고자 애쓴 흔적들이 드러난다. 예를 들면 "너희 중에 파당이 있어야 너희 중에 옳다 인정함을 받은 자들이 나타나게 되리라"(고전 11:19)와 "우상 숭배와 주술과 원수 맺는 것과 분쟁과 시기와 분냄과 당 짓는 것과 분열함과 이단과"(갈 5:20) 등에서와 같이 교회 안의 분열을 경계하거나, "그러나 백성 가운데 또한 거짓 선지자들이 일어났었나니 이와 같이 너희 중에도 거짓 선생들이 있으리라 그들은 멸망하게 할 이단을 가만히 끌어들여 자기들을 사신 주를 부인하고 임박한 멸망을 스스로 취하는 자들이라"(벧후 2:1)에서처럼 잘못된 가르침을 비판하기 위해 이단이라는 용어가 사용되었다.

요한 서신에는 이단 발흥의 필연성과 그 정체가 여러 차례 언급된다. 요한1서 2장 18절에서 "아이들아 지금은 마지막 때라 적그리스도가 오리라는 말을 너희가 들은 것과 같이 지금도 많은 적그리스도가 일어났으니 그러므로 우리가 마지막 때인 줄 아노라"고 경고하는 한편, 요한1서 2장 22절에서는 이단의 정체에 대해 "거짓말하는 자가 누구냐 예수께서 그리스도이심을 부인하는 자가 아니냐 아버지와 아들을 부인하는 그가 적그리스도니"라고 분명히 밝힌다.

또한 요한1서 4장 1절, 3절은 "사랑하는 자들아 영을 다 믿지 말고 오직 영들이 하나님께 속하였나 분별하라 많은 거짓 선지자가 세상에 나왔음이라 … 예수를 시인하지 아니하는 영마다 하나님께 속한 것이 아니니 이것이 곧 적그리스도의 영이니라 오리라 한 말을 너희가 들었거니와 지금 벌써 세상에 있느니라"고 경계한다. 요한2서 1장 7절은 "미혹하는 자가 세상에 많이 나왔나니 이는 예수 그리스도께서 육체로 오심을 부인하는 자라 이런 자가 미혹하는 자요 적그리스도니"라고 말해서 이단의 정체를 구체적으로 언급한다.

무엇보다도 신약 성서는 이단이 경계의 대상이지 결코 두려움의 대상이 아니라는 점을 분명히 한다. 신천지로 인해 교회가 몸살을 앓고 있는 지금, 분명한 사실은 신천지가 두려운 것이 아니라, 신천지로 인해 일어나는 교회 안의 분열과 불신이 무섭다는 점이다. 이단이 무서운 것이 아니라 이단으로 인한 교회의 분열과 불신이 무서운 것이었다.

그렇기에 로마 제국의 박해를 두려워하지 않고 신앙을 담대히 지킨 초대 교회의 지도자들은 동시대의 기독교인들에게 이단에 맞서 용감히 싸워 승리하기를 원한 것이 아니라, 성도들이 하나 되어 주님의 몸 된 교회를 순결히 지키기를 원했다. 그래서 디도서 3장 10절은 "이단에 속한 사람을 한두 번 훈계한 후에 멀리하라"고 권하고 있으며, 요한2서 1장 10-11절은 "누구든지 이 교훈을 가지지 않고 너희에게 나아가거든 그를 집에 들이지도 말고 인사도 하지 말라 그에게 인사하는 자는 그 악한 일에 참여하는 자임이라"고 경계하는 것이다.

주목할 점은 교회를 분열시키고 잘못된 가르침을 주는 성서 속 이단들의 특징들이 최근 우리 주변의 이단들에게서도 변함없이 발견되고 있다는 사실이다. 최근 이단들도 교회 안팎에서 성서가 증언하는 진리와는 다른 비성서적 주장을 하면서 주님의 몸 된 교회의 분열을 시도하고 있다. 이단은 우리를 분열하게 만들지만, 성령은 우리를 하나 되게 하신다.

요한2서 1장 7절은 "미혹하는 자가 세상에 많이 나왔나니 이는 예수 그리스도께서 육체로 오심을 부인하는 자라 이런 자가 미혹하는 자요 적그리스도니"라고 말해서 이단의 정체를 구체적으로 언급한다.

무엇보다도 신약 성서는 이단이 경계의 대상이지 결코 두려움의 대상이 아니라는 점을 분명히 한다. 무서운 것이 아니라 이단으로 인한 교회의 분열과 불신이 무서운 것이었다.

03
기독교 역사와
이단

초대 교회와 이단

초대 교회의 역사와 신학

교회사의 시기 구분은 교회 사학자들에 따라 다양하다. 하지만 중세 교회의 특징을 수도원 운동과 교황 제도라고 전제할 때, 유럽 전역의 수도원 개혁을 통해 교황 제도를 확립한 수도사 출신의 교황 그레고리우스 1세(Gregorius I Magnus, 540-604)가 재위했던 590-604년의 기간을 전후로 하여 초대 교회와 중세 교회를 나눌 수 있다.

또한 초대 교회 약 600년의 역사는 두 시기로 구분될 수 있다. 첫째는 로마 제국의 박해가 있었던 전반부 300여 년이고, 둘째는 콘스탄티누스 황제(Constantinus, 280-337)에 의해 신앙의 자유를 얻고(313년), 테오도시우스 황제(Theodosius, 347-395)에 의해 기독교 신앙 고백인 니케아-콘스탄티노플 신조를 고백하도록 한 칙령이 내려지고(380년), 로마 제국 내에서 모든 비기독교적 예식이 금지된(391년) 후반부 300여 년으로 나누어질 수 있다. 초대 교회에서 예수 그리스도를 따르는 대표적인 신실한 신앙인의 모습은 전반부 박해의 시기에는 순교자(martyr) 혹은 고백자(confessor)의 삶이었으며, 후반부 신앙의 자유 시기에는 금욕주의자(ascetic)의 삶으로 나타났다.

초대 교회의 성장과 성숙은 다음과 같이 이루어졌다. 첫째, 오순절 성령 강림을 통해 교회가 시작한다(행 2장).

둘째, 유대교의 박해와 스데반의 순교를 통해 교회의 기초가 놓인다(행 6-7장). 스데반의 순교 후 각지로 흩어지게 된 신앙인들은 안디옥에서 기독교인들이라고 불리게 되고, 로마 제국 전역으로 교세를 확장해 나아가게 된다.

셋째, 로마 제국 전역에서 뿌리내리던 기독교인들에 대한 로마 제국의 조직적인 대규모 박해가 이루어진다. 하지만 이러한 박해는 오히려 비약적인 교회의 성장을 가능하게 한다.

넷째, 313년 로마 제국의 박해가 끝나고 신앙의 자유가 주어졌으나, 신실한 신앙인들은 여기에 안주하지 않고 금욕주의적 삶을 통해 하나님께 다가가고자 노력했고, 이를 통해 교회는 성숙하게 된다.

다섯째, 한편 초대 교회 안팎에서 이단들의 도전이 거세지자 교회는 위기에 처하게 된다.

여섯째, 이단의 문제를 해결하기 위해 모든 교회의 지도자들이 한자리에 모여 에큐메니컬 공의회를 개최하고 교회의 일치를 이루게 된다. 325년 니케아(Nicaea)에서의 첫 공의회를 주도한 콘스탄티누스 황제는 로마 제국의 안녕을 위해 이단 문제를 해결하고 교회가 하나 될 것을 강조한다. 초대 교회의 교부들도 예수 그리스도의 몸으로서의 교회 일치를 강조하고, 교회 일치의 가시적 중심으로 사도직의 계승자인 감독의 역할을 강조한다.

일곱째, 마침내 에큐메니컬 공의회를 통해 니케아-콘스탄티노플 신조가 만들어지고 기독론에 대한 교회의 신학이 확립된다.

니케아-콘스탄티노플 신조(Nicene-Constantinopolitan Creed)는 325년 니케아 공의회에서 만들어지고 381년 콘스탄티노플 공의회에서 확정된 초대 교회의 공적인 신앙 고백이다. 이 신조의 목적은 첫째, 이단의 도전에 대해 정통 기독교 신앙을 변증하고, 둘째, 개종자들과 다음 세대들에게 기독교 신앙의 핵심을 교육하고, 셋째, 주변 사회에 기독교 신앙의 정체성을 선언하는 것이다.

니케아-콘스탄티노플 신조는 우리가 믿는 성부, 성자, 성령 하나님이 누구신지 그리고 교회, 세례, 부활, 하나님의 나라가 무엇인지를 고백한다. 니케아-콘스탄티노플 신조는 영지주의 등 예수 그리스도가 누구인지에 관한 초대 교회의 기독론 이단들에 대한 교회의 변증인 동시에 이단 분별의 기준이었으며 또한 기독교가 무엇을 믿는지에 대한 공적인 신앙 고백인 동시에 초대 교회의 가시적 일치를 보여 주는 중요한 상징이었다.

초대 교회의 이단

초대 교회의 주요한 신학적 관심은 기독론, 즉 예수에 관한 것이었다. 특히 예수의 인성과 신성에 관한 논쟁이 주를 이루었다. 어떤 이는 예수의 신성을 주로 강조했고, 다른 이는 인성을 지나치게 강조했다.

1-2세기경에 활동하던 영지주의자들(gnostics)은 눈에 보이는 물질적인 것을 악하다고 믿었기 때문에 성육신한 예수와 그의 고난과 죽음을 받

아들일 수 없었다. 성서도 "미혹하는 자가 세상에 많이 나왔나니 이는 예수 그리스도께서 육체로 오심을 부인하는 자라 이런 자가 미혹하는 자요 적그리스도니"(요이 1:7)라고 영지주의자들의 활동을 경계한다. 이로 인해 니케아-콘스탄티노플 신조는 "우리는 전능하신 아버지이신 한 하나님을 믿는다. 그는 하늘과 땅을 지으신 이요, 보이는 것이나 보이지 않는 모든 것을 지으신 자다"라고 고백하며 영지주의를 반대한다.

아리우스(Arius, 256-336)는 성자는 성부와 비슷하지만(유사 본질) 다르며, 성부는 시작이 없으나 성자는 시작이 있는 피조된 존재라고 주장했다. 이에 대해 아타나시우스(Athanasius, 293-373)는 성부와 성자는 동일하다(동일 본질)고 반박했다. 아리우스의 주장으로 인해 교회가 혼란에 빠지자, 하나의 제국과 하나의 교회를 지향하던 콘스탄티누스 황제는 교회 분열이 로마 제국의 평화를 해칠 수 있다고 판단하여 325년 니케아에서 에큐메니컬 공의회를 소집하기에 이르렀다. 이 회의에서 아타나시우스의 견해가 교회의 정통 신앙으로 받아들여지고 아리우스는 이단으로 정죄되었다. 이로 인해 니케아-콘스탄티노플 신조는 성자는 "참하나님으로부터 나온 하나님이시다. 그는 하나님께로부터 나셨고 지으심을 받은 것이 아니다. 그는 모든 것을 지으신 하나님과 동일 본질을 가지신다"라고 고백하며 아리우스적 경향성들에 대해 분명히 반대한다.

니케아 공의회 이전에도 다양한 이단들이 초대 교회에 존재했다. 마르키온(Marcion, 85-160)은 구약의 하나님과 신약의 하나님이 다르다고 주장하면서, 구약의 하나님을 열등한 신으로 묘사했다. 이로 인해 마르키온은 구약을 거부하고 성서를 스스로 편집하기까지 했다. 몬타누스(Montanus)는 자신을 성령의 대변자로 주장하며 계시와 예언을 강조했다. 금욕주의적 생활을 하면서 배타적인 구원을 강조했고, 자신의 고향으로 그리스도가 곧 재림한다고 주장했다. 한편 니케아 공의회를 이후에도 325-787년 동안 일곱 차례의 공의회가 열렸고 이를 통해 여러 기독론 이단들이 정죄되었다.[1]

기독론 이단들과의 긴장과 갈등은 초대 교회로 하여금 니케아-콘스탄티노플 신조라는 중요한 신학적 진술을 소유할 수 있도록 해 주었고, 이는 초대 교회의 이단들을 분별하는 기준이 되었다. 초대 교회의 공적인 신앙 고백인 이 신조는 예수가 참인간이시며 참하나님이시라는 교회의 신앙 고백을 오늘도 우리에게 전해 주고 있다.

註

1. 초대 교회에는 Docetism, Apollinarianism, Nestorianism, Monophysitism, Monothelitism, Monarchianism, Tritheism, Subordinationism, Arianism 등 다양한 기독론 이단들이 존재했다.

중세 교회와 이단

중세 교회의 역사와 신학

수도원 운동과 교황 제도를 특징으로 하는 중세 교회는 일반적으로 수도사 출신의 교황 그레고리우스 1세의 재위 시기인 7세기 초로부터 종교 개혁이 본격화된 16세기까지의 시기를 의미한다.

중세 교회는 제국, 교회, 종교의 분열을 특징으로 하는 시대였다. 첫째, 476년 로마 제국이 멸망한 후 강력하고 광대했던 하나의 제국은 여러 국가들로 분열되었다. 둘째, 1054년 동방 교회와 서방 교회가 신학적, 정치적, 문화적 이유로 분열되었고, 그 후 종교 개혁으로 인해 서방 교회는 다시 로마 가톨릭교회와 다양한 종교 개혁 교파들로 나누어졌다. 셋째, 610년 무함마드에 의해 이슬람교가 시작된 후 유대교, 기독교, 이슬람교 간의 긴장이 조성되었고 마침내 십자군 원정을 통해 그 갈등의 골은 더욱 깊어졌다.

하지만 이러한 분열에도 불구하고 중세 교회는 유럽 전역에 걸친 지리적 확장을 이룬다. 교회는 동으로는 러시아, 서로는 영국, 북으로는 스칸디나비아 반도 전 지역에 이르렀다. 이러한 교회의 성장은 교회의 수장인 교황의 영향력 확대를 가져왔다. 서임권의 확보를 통해 교회의 독립을 이루어 낸 교황의 권한은 국가의 수장인 황제의 힘을 능가하게 되었다. 이러한 교황권의 신장은 대규모 십자군 원정을 가능하게 했으나, 십자군 원정의 실패로 인해 교황권은 약화되었다. 교황권이 약화되면서 교황권의 분열이 일어났고 그 절대적 권위는 서서히 추락했다.

수도원 운동의 변질과 함께 교황 제도의 붕괴는 중세 교회의 몰락을 의미했다. 게다가 14세기 중엽 유럽을 휩쓴 페스트는 중세 교회의 붕괴를 더욱 가속시켰다. 전쟁과 천재지변으로 인해 불안하고 불확실한 세상을 살아가는 사람들의 신앙심은 깊어 갔지만, 교회에 대한 불신도 함께 깊어 갔다.

신학적으로 주목할 점은 12-13세기 수도원 운동을 통해 베르나르 (Bernard of Clarivaux, 1090-1153)와 위그(Hugues de Saint-victo, 1096-1141) 등을 중심으로 한 신비주의가 화려하게 꽃피웠다는 사실이다. 초대 교회의 순교와 금욕주의적 삶은 중세 교회의 신비주의적 수도원 운동으로 이어지게 되었다.

중세 교회의 이단

중세 유럽 사회에서 기독교는, 유대교나 이슬람교처럼 단순히 종교일 뿐만 아니라 문화였고 공동체였다. 기독교인이 된다는 것은 선택이 아니라 필연적인 운명이었다. 교회는 모든 생활의 중심이었다. 따라서 중세 교회는 교회뿐만 아니라 사회에서도 막강한 영향력을 행사했다. 교회의 권위 또한 절대적이었다. 이로 인해 교회의 권위에 도전하거나, 교회로부터 이탈한다는 것은 상상할 수조차 없는 일이었으며, 교회에 대한 도전은 곧 교회와 사회로부터의 추방과 박해를 의미했다.

중세 교회의 권위로부터 벗어나고자 했던 개인이나 단체는 이단으로 정죄되었다. 10세기 불가리아 지역에서 일어난 보고밀파(Bogomils), 11-13세기에 프랑스에서 일어난 카타리파(Cathari), 12세기 프랑스에서 시작되어 현재까지도 존재하는 발도파(Waldensses), 12세기 프랑스 앙리 드 로잔느(Henry of Lausanne)와 피에르 드 브뤼(Pierre de Bruys) 등도 교황의 권위에 도전한 이유로 박해받고 이단으로 정죄되었다. 14세기 초 로마 교황청의 사치와 부패를 비판하던 프란체스코 수도회의 수도사들마저 이단으로 파문당했으며, 종교 개혁자들도 물론 예외는 아니었다.

이러한 이단 정죄는 종교 재판에 의해서 주로 이루어졌다. 이단자들은 파문, 투옥, 사형 등의 형벌을 받았다. 12세기 이후 카타리파가 영향력을 확대해 나가자 종교 재판을 통한 이단 박해도 점점 증가했다. 13세기부터 교황 그레고리우스 9세에 의해 도미니크 수도회가 종교 재판을 담당했으며, 종교 재판관들은 교황의 이름으로 전권을 갖고 재판을 진행했다. 종교 개혁이 본격적으로 진행되던 16세기에는 교황 파울루스 3세가 추기경들로 구성된 종교 재판소를 설치했으며, 그 후 명칭과 기능 등은 변화되었으나 종교 재판을 담당했던 기구는 현재도 로마 가톨릭교회 안에 존재하고 있다.

절대적인 교황권은 흑사병과 십자군 원정의 실패 등의 원인들을 통해 점점 약화되었고, 실추된 교황권의 회복을 시도하던 로마 가톨릭교회는 오히려 면죄부 판매 등으로 인해 더욱 곤경에 처하게 되었다. 이러한 로마 가톨릭교회에 대한 개혁 운동은 교회 내부로부터 시작되었다. 루터, 츠빙글리, 칼뱅, 녹스 등의 개혁자들은 면죄부, 선행과 고행, 금욕주의적 삶이 아니라 오직 하나님의 은혜와 진실한 회개를 통해 하늘나라에 들어갈 수 있다는 성서의 가르침을 선포하며 종교 개혁을 일으켰다.

종교 개혁자들에게는 비성서적인 로마 가톨릭교회가 이단이었다. 종교 개혁을 통해 교회의 권위가 아닌 하나님 말씀 중심의 개혁주의 신앙은 확립되었고, 이때로부터 성서는 개신교 이단 분별의 중요한 기준으로 자리 잡았다.

종교 개혁 교회와 이단

종교 개혁 교회의 역사와 신학

종교 개혁은 14-17세기에 걸쳐 서유럽에서 일어난 교회 개혁 운동을 의미하며, 일반적으로는 16세기 교회 개혁 운동을 지칭한다. 2,000년대의 시작과 함께 〈타임〉지가 선정한 지난 천년 동안 가장 중요한 인물들 가운데는 놀랍게도 금속 활자를 발명한 구텐베르크(Johannes Gutenberg, 1397-1468)가 있었다. 그 이유는 그가 금속 활자를 이용해 1455년 성서를 인쇄했고, 이 성서가 전 유럽으로 퍼져 나가게 되면서, 결과적으로는 종교 개혁을 가능하게 한 가장 중요한 원동력이 되었기 때문이다. 구텐베르크로 인해 소수의 특권층만이 접할 수 있었던 성서를 누구나 읽을 수 있게 보편화되기 시작했다.

많은 사람들이 성서를 쉽게 접하게 되면서 로마 가톨릭교회의 주장이 성서에서 벗어났다는 사실을 인지하고 종교 개혁의 당위성을 수용할 수 있게 되었다. 따라서 종교 개혁자들은 종교 개혁의 급박한 상황 속에서도 라틴 어로만 읽히던 성서를 각 지역의 언어로 번역하는 데 최선을 다했는데, 이는 사람들이 성서의 내용을 직접 알 수 있도록 하는 것이 가장 중요한 개혁의 힘이라는 것을 잘 알고 있었기 때문이었다. 이처럼 종교 개혁자들의 개혁 운동 중심에는 '오직 말씀'(Sola Scriptura)이 있었다.

성서를 통해 사람들은 로마 가톨릭교회의 면죄부 주장이 잘못됐다는 것을 확신하게 되었다. 루터(Martin Luther, 1483-1546)는 하나님의 나라는 면죄부를 통해 얻는 거짓 평안이 아니라 진실한 회개와 고난을 통해서 들어갈 수 있다고 그의 95개조 반박문을 통해 주장했다. 면죄부의 폐단은 종교 개혁의 직접적인 원인이 되었고, 그 피해가 가장 극심하던 독일에서 종교 개혁은 필연적으로 시작될 수밖에 없었다. 독일에서의 루터의 개혁은 스위스 취리히에서의 츠빙글리(Ulrich Zwingli, 1484-1531)의 개혁과, 제네바에서의 칼뱅(John Calvin, 1509-1564)의 개혁, 그리고 스코틀랜드에서의 녹스(John Knox, 1514-1572)의 개혁 등으로 이어졌다.

흥미로운 사실은 대부분의 종교 개혁자들이 개혁을 시작하면서 결혼을 했다는 점이다. 종교 개혁자들에게 결혼은 종교 개혁의 상징적인 행위였다. 중세 교회의 축인 교황 제도는 독신 남성 사제의 권위에 기초한 권위주의적인 체제였고, 이로 인해서 면죄부의 폐단이 나타나게 되었다는 사실을 알고 있었던 종교 개혁자들은 개인의 금욕이나 고행의 삶이 아니라 '오직 은혜'(Sola Gratia)와 '오직 믿음'(Sola Fide)으로 구원받을 수 있다는 성서의 가르침을 몸소 실천하기 위해 결혼을 택한 것이었다.

종교 개혁 교회의 이단

초대 교회는 니케아 공의회(325년)와 콘스탄티노플 공의회(381년)를 통해서 확정된 니케아-콘스탄티노플 신조를 이단 분별의 기준으로 삼았고, 중세 교회는 교회의 권위를 기초한 종교 재판을 통해 이단을 정죄했다. 한편 종교 개혁 교회는 종교 개혁자들의 신앙 고백들을 통해 이단이 무엇인지를 공적으로 선언했다.

종교 개혁 신앙 고백들이 작성된 이유는 다음과 같다. 첫째, 로마 가톨릭교회와 이단들의 가르침에 대해 참된 교회의 표징이 무엇인지를 변증한다. 둘째, 다음 세대에게 교회가 무엇을 믿고 행하는지를 교육하고, 셋째, 흩어져 있는 교회들의 가시적 통일의 상징으로 사용하기 위해 작성되었다. 이 신앙 고백은 고대 신조의 신학적 전통을 존중하고 그 내용과 형식을 따랐다.

종교 개혁자들은 그들의 신앙 고백을 통해 삼위일체 신앙을 부인하는 전통적인 이단을 경계했다. 또한 무엇보다도 종교 개혁자들은, 교회의 전통과 직제의 권위를 주장하는 로마 가톨릭교회의 가르침에 반대하여, 하나님의 말씀인 성서를 유일한 권위로 강조했다. 종교 개혁자들에게는 비성서적인 가르침으로 하나님의 백성들을 잘못 인도하는 로마 가톨릭교회가 이단이었다.

스코틀랜드 신앙 고백(1560년)은, 교회의 전통적 신앙 고백에 따라 예수 그리스도의 신성과 인성을 부인하는 사람들을 이단으로 정죄한다(제6장). 또한 성서의 절대적인 권위를 강조하면서 "교회로부터 받은 권위밖에는 다른 권위가 없다고 말하는 사람들은 하나님을 모독하는 사람들"이라고 단호히 선언한다(제19장). 총회의 소집 이유도 "이단을 거부하는 일과 다음 세대에게 그들의 신앙의 공적인 고백을 주려는 것"이라고 강조한다(제 20장).

제2스위스 신앙 고백(1566년)도 예수 그리스도의 신성과 인성을 부인하는 사람들(제11장)과 삼위일체 하나님을 부인하는 사람들(제3장)을 이단으로 정죄한다. 또한 하나님의 섭리를 부인하는 사람들(제6장), 특히 성서의 권위를 부인하거나 가감하는 사람들(제1장)을 이단으로 정죄한다. 이 신앙 고백은 하나님을 모독하고, 교회에 문제를 일으키고, 교회를 파괴하는 사람들(제30장)이 이단이며 치안 담당자들은 이들을 제재해야 한다고 강조한다.

웨스트민스터 신앙 고백(1647년)도 성서의 권위를 가장 강조하면서, "성경은 권위가 있어서 사람이 믿고 복종해야 하는 것인데 그 권위는 어떤 사람이나 교회의 증언에 달려 있지 않고, 전적으로 그것의 저자이신 (진리 자체이신) 하나님께 달려 있다. 그러므로 우리는 그것을 받아들여야 한다. 그것이 하나님의 말씀이기 때문이다"라고 선언하면서 비성서적인 가르침을 주장하는 사람들을 경계하고 있다(제1장).

종교 개혁자들은 교회 안에서 교회의 개혁(reformation)을 추진했으나 로마 가톨릭교회는 이러한 주장이 교회를 변질(deformation)시킨다고 생각하여 개혁자들을 파문하고 교회 밖으로 내보냈다. 하지만 이로 인해 삼위일체 하나님과 성서의 권위를 강조하는 개혁 교회가 탄생하게 되고, 기독교역사는 중요한 전환점(transformation)을 맞게 된다.

하지만 중세 교회를 비판하며 탄생한 종교 개혁 교회는 채 한 세기가 지나기도 전에 교회 안의 새로운 개혁 요구에 직면한다. 경건주의 운동이 그것이다. '개혁의 주체'였던 종교 개혁 교회가 생명력 있는 말씀의 권위를 상실하면서, 말씀을 믿고(believe) 그 말씀대로 살기를(practice) 원했던 경건주의자들에 의해 '개혁의 대상'이 된다.

'오직 하나님의 영광'(Soli Deo Gloria)을 위해 "개혁 교회는 항상 개혁해야 한다"(The church reformed and always reforming). 개혁을 멈춘 교회는 더 이상 개혁 교회가 아니다. 교회가 스스로 그리스도의 순결한 신부로 살지 못할 때, 이단들이 생겨나 교회를 미혹하며 분열시켜 왔다. 한국 기독교 역사에 나타난 이단 운동들도 예외는 아니었다.

04

한국 기독교와
이단

일제 강점기하 한국 교회와 이단

일제의 종교 정책

평양대부흥운동이 일어난 1907년에 공표된 '한일 신협약(1907. 7. 24)'과 '보안법(1907. 7. 27)'에 따르면 일제는 조선에서 이미 입법, 사법, 행정의 삼권(三權)을 장악하고 있었다. 그리고 '조선 통치의 최고 방침(1910년)'과 '교육 칙어(1912년)'는 조선 통치의 궁극적인 목적이 천황 중심의 내선일체(內鮮一體)인 것을 분명하게 보여 준다.

    1919년 삼일 운동 이후에도 이러한 통치 원칙에는 변함이 없었다. 조선 총독부의 치안 유지법(1925. 4)은 여전히 천황 중심의 내선일체를 강조한다. 즉 일제 강점기 동안 일제의 통치 원칙은 결코 변한 적이 없었으며 단지 통치 방법만이 상황에 맞게 변화되었을 뿐이다.[1]

    일제의 이러한 조선 통치 원칙은 종교 정책에도 적용됐다. 조선 총독부의 '포교 규칙(1915. 8. 16)'에 따르면, 포교 활동을 원하는 자는 물론이고 (제3조), 종교 시설을 설립할 때에도(제9조) 조선 총독부에 자세하게 보고하고 허가를 받아야만 했다. 이는 모든 종교 활동에 대한 총독부의 포괄적인 통제는 물론 천황 중심의 내선일체라는 통치 원칙을 적용해 나가기 위한 것이었다.[2]

포교 규칙은 신도, 불교, 기독교 등 기성 종교들에 대해 주로 적용되었지만(제1조) "종교와 유사한 단체"에도 적용할 수 있었다(제15조). 하지만 각 지역에서 발흥하던 신흥종교 단체들을 통제하기란 쉬운 일이 아니었다. 이로 인해 조선 총독부는 1935년 무라야마 치준(村山智順)이 조사한 1,000쪽 분량의 《조선의 유사종교》(朝鮮の 類似宗教)라는 자료집을 발간했다. 이 자료집은 한국에서 발생한 모든 종교들과 특히 일제의 통치에 협조적이지 않은 새로운 종교 단체를 '유사종교'로 분류하면서, 그 부정적인 면을 부각시켜 종교 탄압을 위한 구실로 사용했다. 한편 일제는 조선 교회의 분열을 조장하기 위해 조선 통치에 도움이 되는 단체들을 은밀히 지원하고 육성하는 이중적인 정책을 실시했다.

예를 들면 기독교 소종파 운동들 중 민족주의적 성향을 가졌던 박동기의 시온산제국과 이순화의 정도교가 있었다. 박동기는 그의 신비 체험을 근거로 공교회의 신사 참배를 비판하고 일제에 대한 투쟁을 주장하면서 1944년 4월 25일 시온산제국을 설립했다. 하지만 1945년 5월 21일 주민의 밀고로 체포되어 8월 16일 출감할 때까지 혹독한 심문을 당했다. 또한 이순화도 그녀의 신비 체험을 근거로 1919년 음력 6월 29일 서울 사대문 위에 하나님의 계시를 받아 만들었다는 녹십자기와 태극팔괘기를 걸고 독립 만세를 부르다가 체포되어 보안법 위반 등의 혐의로 고문을 당하고 3년 반 동안 옥고를 치렀다.

반면 반선교사적인 정서를 나타내면서 소위 조선적 기독교를 지향하던 최중진의 자유교, 이만집의 자치 운동, 김장호의 조선기독교회 등의 경우에는 오히려 일제의 관심과 지원을 받았다. 일제 강점기하 기독교 이단 운동들은 이러한 일제의 종교 정책의 영향 아래 발흥했다.

일제하 기독교 이단 운동의 발흥

일제하 기독교 이단 운동은 1930년대 이후에 본격화된다. 1931년 만주사변, 1937년 중일 전쟁, 1941년 태평양 전쟁을 거치면서 일제의 대륙 침략은 점점 노골화되고 조선은 전시 체제하 전쟁 협력 강요와 민족 말살 정책으로 인해 고통당했다. 한국 교회에게는 고난의 시기였다. 삼일 운동을 통해 자라났던 민족 해방을 위한 희망의 신앙이, 십자가에서 고난당하시는 예수 그리스도를 바라보는 인내의 신앙으로 변했다. 이러한 사회적 불안정성과 불확실성은 한국 교회 안에 신비주의적 경향을 지닌 기독교 이단 운동 발흥의 배경이 되었다.

무엇보다도 일제하 이단 운동은 구원에 대한 성적(性的) 접근이 두드러진다. 세계 교회사는 일면 성(聖, spirituality)과 성(性, sexuality)의 긴장을 지속적으로 보여 주는데, 한국 이단 운동의 뿌리에도 이러한 성적 접근(sexual motif)이 특징적으로 나타난다.

김백문(1917-1990)이 대표적인 인물이다. 한국 이단 운동의 뿌리라고도 할 수 있는 김백문은 문선명과 박태선 등 수많은 기독교 이단 운동에 직간접적으로 교리적 영향을 끼쳤다. 김백문의 《성신 신학》(1954년), 《기독교 근본 원리》(1958년), 《신앙 인격론》(1970년)에 나타난 주장은 문선명의

《원리강론》의 주장과 유사한 것을 보여 준다.

김백문은 《기독교 근본 원리》에서 타락에 대해 설명하면서 "여인 해와로서 유인된 바 선악과적 범행이란 사신(뱀)으로 나타난 악령과의 육체적 음행을 말하게 되는 일이니 즉 사신으로 직접적 육체 성교를 범행한 데서 해와로서 여자의 처녀 정조를 유린당한 것도 컸으나 혈통에 미친 그 죄악성은 곧 육체의 성욕감을 거기에서 받아 가진 그것으로 창조 본성의 사랑의 반대 성리인 정욕의 육성으로 악화케 되었던 것"이라고 주장한다.[3]

문선명도 《원리강론》에서 "인간의 조상이 천사와 행음함으로 말미암아 모든 인간이 사탄의 혈통에서 태어나게 되었기 때문이다. … 우리는 천사와 인간 사이에 행음 관계가 있어서, 그것이 타락의 원인이 되었다는 사실을 알 수 있는 것"이라고 설명한다.[4] 이러한 타락으로부터 인류를 회복시키는 데 소위 '메시아의 강림과 그 재림의 목적'이 있다는 것이다. 문선명은 이 재림주가 한국에 나타나 지상 천국을 건설할 것이라고 주장한다. 이는 그가 김백문의 교리에 영향을 받았음을 분명하게 보여 준다.

이러한 주장들은 이후 다른 이단 단체들의 교리에서도 쉽게 발견된다. 김백문의 타락과 복귀에 대한 주장은 문선명의 영향을 받은 정명석의 《30개론》에도 반복된다. 결과적으로 이러한 교리로 말미암아 이단 단체의 교주들에 의한 성적(性的) 문제들이 야기되고 있는 것을 짐작하게 한다. 즉 성적 타락의 회복은 교주와의 성적 관계를 통해 이루어진다는 것이 이들의 감춰진 주장인 것이다. 이러한 복귀 과정은 사회적 통념으로는 받아들일 수 없는 비윤리적인 모습으로 나타나 실정법의 제재를 받기도 한다.

흥미롭게도 김백문의 영향을 받은 문선명 계열의 이단 단체들은 교주를 재림주로 그리고 박태선 계열은 보혜사 성령으로 신격화하는 것을 볼 수 있다. 이는 한국의 이단 운동들이 독립적으로 생겨난 것이 아니라, 상호 영향을 주고받으며 발흥해 왔음을 보여 준다. 이로 인해 기독교 이단 연구가들은 한국의 이단에 대해 설명하면서 계보(系譜)라는 표현을 사용한다.

註

1. 이영철,《사료 한국 근현대사》(법영사, 2002) 참고.
2. 김승태,《일제 강점기 종교 정책사 자료집》(한국 기독교역사연구소, 1996) 참고.
3. 김백문,《기독교 근본 원리》(이스라엘수도원, 1958), 485.
4. 문선명,《원리강론》(세계기독교통일신령협회, 1966), 84.

한국전쟁과 이단의 발흥

한국전쟁의 마지막 피난처 부산

선교 초기로부터 해방에 이르기까지 한국 기독교의 중심은 평양을 중심으로 한 서북 지역이었으며, 평양은 동방의 예루살렘으로 불렸다. 1938년에는 한국 교회 교인 50만 명 중 35만 명이 장로교인이었고, 그중의 5분의 4가 평안남도에 거주한 사실은 평안북도와 황해도의 교인 수를 참작할 때 당시 한국 기독교의 중심이 서북 지역이었음을 명백하게 보여 준다.[1]

서북 지역은 일제의 대륙 침략으로 인한 공업화 정책으로 말미암아 경제적 성장을 이루었다. 토지 소유자들은 지하자원이 풍부하게 매장된 토지로 인해 많은 돈을 벌 수 있었다. 이 지역에서 사역하던 한 선교사는 자기 구역의 한국 농민들이 지금만큼 많은 돈을 소유해 본 적이 일찍이 없었으며, 따라서 자기 구역 전체에 걸쳐서 목사와 전도사들의 봉급이 인상

되었다고 말했다.[2] 이러한 여유로 인해 서북 지역의 기독교인들은 교회를 세우고 목사의 생활을 뒷받침할 수 있었다. 또한 이 지역의 기독교 수용 계층은 자립적이고 독립심이 강한 중산층이었고, 이들 중에서도 상인들이 먼저 기독교를 받아들이기 시작했다. 서북 지역의 교회는 이러한 중산층을 기반으로 했으며, 또한 대부분이 중산층 출신이었던 미국 북장로교의 선교사들은 자신들에게 익숙한 중산층의 경제적 정서를 기반으로 선교의 결실을 거둘 수 있었다.

또한 사회적으로도 서북 지역의 기독교 수용이 다른 지역에 비해 수월했는데, 이는 현재 알려진 대로 족보의 발원지가 거의 없을 정도로 정통적 질서가 부재했고, 따라서 유교의 오래된 전통 때문에 폐쇄적인 남부 지역에 비해서 새로운 사조의 흡수에 민감한 반응을 보일 수 있었던 사회 문화적 여건 속에 살았기 때문이라고 민경배는 지적한다.[3] 실제로 "평안도 사람들은 조선조 이래 중앙 정부의 서북 지역 차별 정책 때문에 고위 관직에 나아갈 수 없었다. 그러나 사회적 푸대접에 대한 반발에서 남부 지방보다 훨씬 교육열이 높았기 때문에 아무리 벽촌이라도 서당 없는 동네가 없었고, 문맹이 거의 없었다고 한다."[4] 또한 "특히 조선 후기의 세도 정치하에서는 소수의 벌열 가문이 관직을 독점하고 있었으므로 중앙 정계 진출이 사실상 불가능하였다. 개항 이후 평안도 지역이 새로운 문화와 종교를 적극적으로 받아들일 수 있었던 주요한 배경 가운데 하나는 바로 여기에 있었다고 볼 수 있다."[5]

교회사적으로도 서북 지역은 선교지 교회의 자립을 강조한 네비우스 선교 방법이 집중적으로 적용되었던 지역이며, 청일전쟁과 노일전쟁의 가장 큰 피해 지역이기에 기독교가 양적으로, 영적으로 성장할 수 있는 좋은 토양을 갖고 있었다.

하지만 서북 지역 교회의 성장은 곧 비서북 지역에서의 기독교의 열세를 의미했다. 서북 지역에서의 교회의 양적(量的), 영적(靈的) 성장이 이루어지는 시기에 서울에서의 기독교의 수용은 그 목적과 수용 계층에서 차이를 나타내고 있었다. 즉 선교 초기부터 서울을 중심으로 한 지역에서는 선비 관료층에서 기독교를 적극적으로 수용했고 이들은 개화를 추구하는 신앙을 형성했다.[6] 이들은 기독교 신앙 그 자체보다는 기독교 수용에 의한 개화, 자주적 국권의 확보, 근대화의 추진에 관심을 가졌고, 그렇기에 그 수용층은 양반 등의 상류 지식층이 그 주류를 이루었다.[7] 이로 인해 서울 지역의 교회는 서북 지역의 교회의 영향력으로부터 벗어나려는 모습을 나타내었고, 결국 이러한 지역적, 계층적 차이는 신사 참배로 말미암은 교육기관의 휴교 문제에 대한 신학적 대립으로 나타나게 되었다.

이러한 일제하 한국 교회의 지역적 차이는 1948년 북한 정권의 수립과 기독교에 대한 탄압으로 인해 서북 지역 기독교가 삼팔선을 넘어 남하하게 되면서 극복의 계기를 마련하게 되는데, 이때에 서북 지역과 서울 지역 교회는 공존을 모색하게 된다. 또한 한국전쟁으로 인해 기독교인들이 마지막 피난처였던 부산 지역으로 모이게 되면서 한국전쟁 기간 동안 부산지역은 서북 교회와 비서북 교회의 공존이 시도되는 한 실험장이 된다. 하지만 이러한 지역적 차이도 한국전쟁이라는 전 민족적인 고난의 현장에서 그 대립점을 일시적으로 상실하게 되고 서로가 애통함 가운데 나라와 교회의 회복을 소망하는 하나의 신앙 공동체를 이루게 된다.

로마 제국에 의한 초대 교회의 박해가 교회의 분열과 성장이라는 두 가지 상반된 결과를 초래했던 것처럼, 한국 교회는 한국전쟁이라는 동족

상잔의 민족적 비극의 현장이 된 마지막 피난처인 부산 지역에서, 전국 각지에서 찾아온 피난민들로 말미암은 부산 지역 교회의 양적, 영적 성장을 경험하게 된다.

이단 발흥의 옥토 부산

한국전쟁의 마지막 피난처 부산은 한국전쟁을 전후로 하여 한국 교회 이단 운동의 요람이 되었다. 첫째로, 부산은 먼저 외국계 이단들의 주요한 전래지다. 예를 들면 가장 대표적인 미국계 이단인 모르몬교가 처음 포교되기 시작한 곳도 부산이었다. 한국전쟁으로 인해 한국을 찾아온 미국 군인들 중에 모르몬교인들이 있었고, 이들의 포교로 인해 부산에서 모르몬교의 첫 모임이 시작되었다.

한국전쟁 시기에 포교를 시작하여 그 교세가 지속적으로 성장해 오고 있는 모르몬교는 가장 미국적인 종교로 인식되고 있다. 그 이유인지는 몰라도 모르몬교는 미국의 보수적인 지역을 중심으로 지난 200여 년 동안 꾸준히 성장해 왔고, 우리 주변에서도 두 사람이 짝을 이루어 다니면서 유창한 한국어로 영어 교육을 권하며 우리 젊은이들에게 접근하고 있는 모르몬교의 자비량 선교사들의 모습을 쉽게 볼 수 있다.

둘째로, 부산은 많은 국내산 이단들의 요람이다. 가장 대표적인 한국산 이단 운동인 세계평화통일가정연합(세칭 통일교)이 시작된 곳도 부산이다. 서북 지역에서 피난 온 문선명이 통일교의 경전인《원리강론》의 틀을 잡은 곳도, 통일교(당시 세계기독교통일신령협회)의 설립을 준비한 곳도 바로 부산이었다.

그렇기에 전 세계적으로 많은 부동산(성지)을 소유하고 있는 통일교는 부산 범내동의 통일교 거점을 본성지(本聖地)라고 부르며 성역화했고, 문선명이 한국전쟁 기간 동안 머물렀던 부산의 범냇골은 모든 통일교 신도들에게 손꼽히는 순례지가 되어 오고 있다. 이곳에는 통일회관 건물, 통일교가정교회, 범냇골기념관 등과 함께 문선명이 그 당시 살면서 활동했던 장소들을 성역화해 놓았다. 예를 들면 '눈물의 바위'라는 곳이 있는데, 이곳은 문선명이 피난지 부산을 내려다보며 눈물로 기도했다는 장소를 기념하여 조성되었다고 한다. 범냇골 산 정상에는 태극기와 통일교 깃발이 함께 휘날리고 있고, 세계 각지의 통일교 신도들이 성지 순례를 위해 이곳 본성지를 찾아오고 있다. 부산을 시작으로 통일교는 세계 곳곳에 성지를 개발해 오고 있다.

셋째로, 현재 한국 교회가 씨름하는 많은 2세대 이단 운동들이 부산 지역에서 시작되었다. 대표적으로는 안식교 계열의 이단 운동으로 최근 급성장하며 주목받고 있는 하나님의교회 세계복음선교협회가 있다. 이 단체의 설립자이며, 선지자, 재림 예수, 하나님으로 추앙받는 안상홍은 1964년 부산 해운대에서 포교를 시작했다.

이 밖에도 1954년 계정열이 산성기도원을 시작한 곳도 부산시 동래구 온천동이었으며, 1958년 여호와새일교단의 이유성이 신비 체험을 통해 포교를 시작한 곳도 부산 영도였다. 1970년 한국예수교전도관부흥협회(전도관, 현 천부교)의 박태선이 그 세력을 새롭게 재정비한 곳도 부산(경남 양산군 기장면 죽성리)이었으며, 최근 논란의 대상이 되는 류광수의 다락방 운동도 영도가 출발지였다. 게다가 일본계 신흥종교인 천리교의 본부도 영도에 있었다. 이러한 점에서 부산의 초기 선교사들의 거점도 부산 영도로, 또한 하디 선교사의 거처였다는 점은 역사의 아이러니라고 할 수 있다. 대표적인 부산 경남 지역 복음화의 거점과 이단의 발흥지가 동일한 장소였던 것이다.

왜 이처럼 부산은 한국 이단 운동이 발흥하는 옥토가 되었을까? 그 원인에 대한 구체적인 선행 연구가 진행되지는 않았다. 하지만 발흥의 원인이 부산 지역의 다양한 사회 문화적 배경과 관련이 되어 있다는 가능성을 엿볼 만한 주변 연구들을 통해 그 원인을 분석해 볼 수 있다. 부산이 한국 이단 운동의 발흥에서 비옥한 땅이 될 수 있었던 이유는 무엇일까?

첫째, 부산 지역이 대대로 불교가 강성한 '불교의 땅'이었다는 점이 그 한 원인으로 고려될 수 있다. 즉 유럽의 다양한 인종과 문화에 기초한 교파주의가 미국에 정착한 후, 그 어떤 교파나 종파도 상대적 우월성을 갖기 어려웠던 개척 시기가 다양한 기독교계 신흥종교 운동들의 발흥에서 옥토가 된 것처럼, 한국전쟁으로 이처럼 역사적으로 불교가 강성한 불교의 땅이었던 부산을 찾아온 다양한 기독교 교파들은 발흥하는 기독교계 신흥종교 운동들에 대해 교리적인 정통성을 주장하거나 그들의 활동을 이단으로 규정하여 제한할 만한 영향력이나 공신력을 갖지 못했다.

둘째, 부산 지역이 오래전부터 외국과의 교류가 활발한 '교류의 땅'이었다는 사실이 고려될 수 있다. 부산 지역에서는 역사적으로 자발적인 무역과 문화 교류가 추진되기도 했지만, 때로는 외세의 침략을 통한 강제적인 교류도 이루어졌다. 이로 인해 새로운 문물과 사상이 자의 반 타의 반으로 활발히 교류되었고, 지역민에게는 새로운 것을 시도하는 것에 대한 망설임이나 거부감이 타 지역에 비해 상대적으로 적었다고 볼 수 있다. 이와 마찬가지로 새로운 종교에 대한 선택이 보다 수월했다는 것은 이 지역을 신흥종교 운동 발흥의 옥토로 만들었다.

셋째, 부산 지역이 한국전쟁의 유일하고 절박한 '피난의 땅'이었다는 이유도 고려될 수 있다. 한국전쟁 당시 삶의 절박함, 가치관의 혼란, 현재와 미래에 대한 실존적인 불안감이 이 지역 기독교의 뿌리를 내리게 한 중요한 원인이 되기도 했지만, 다른 한편으로는 기복적인 기독교계 신흥종교 운동의 발흥의 중요한 밑거름이 되었다는 것 또한 부인할 수 없다. 이처럼 불교의 땅, 교류의 땅, 피난의 땅 부산은 기독교계 신흥종교 운동들이 쉽게 발흥할 수 있는 비옥한 토양을 제공할 수 있었다.

부산은 다양한 기독교계 신흥종교 운동들이 발흥한 영적 전쟁터이기도 하다. 오랜 역사를 통해 그리고 1876년 개항 이후부터는 더욱 활발하게 일본과 서양의 교류가 이루어졌으며, 이로 인해 국외의 신흥종교들이 처음으로 유입되어 포교되기 시작한 곳이 되었고, 한국전쟁 시기에는 통일교와 같은 한국의 대표적인 기독교 이단들의 발흥지가 된 곳이기도 하다. 또한 현재 한국 교회를 어지럽히는 많은 2세대 이단 단체들 중 여럿이 부산에서 시작되었는데, 이러한 점에서 부산을 국내외 이단들의 요람이고 발흥지라고 불러도 과언은 아닐 것이다.

註

1. 민경배, "초기 서울 지방 교회에 대한 한 분석적 고찰", 〈신학 연구〉 22 (1980), 735.
2. *Korea Mission Field* (Evangelical Missions in Korea, 1918), 3. 서명원, 《한국 교회 성장사》 (대한기독교서회, 1966), 179에서 재인용.
3. 민경배, 《한국 민족 교회 형성사론》 (연세대학교출판부, 1988), 194.
4. 한국 기독교역사연구소 북한교회사집필위원회, 《북한 교회사》 (한국 기독교역사연구소, 1996), 58.
5. 앞의 책.
6. 민경배, "초대 교회의 개척자들", 〈기독교 사상〉 (1985. 4), 36.
7. 민경배, "민족 교회로 전화하는 100년", 〈기독교 사상〉 (1980. 1), 63.

통일교

통일교의 핵심 교리서《원리강론》

《원리강론》은 통일교의 핵심 교리서다. 통일교는 세계기독교통일신령협회(1954년), 세계평화통일가정연합(1994년), 훈독교회(2005년), 통일교(2010년), 그리고 문선명 사망 후, 다시 세계평화통일가정연합(2013년)으로 그 명칭을 변경해 왔으며, 또한 셀 수 없는 외곽 조직들을 운영해 오고 있다. 하지만 이러한 공식적인 명칭 변경과 다양한 활동에도 불구하고 문선명의 핵심적인 교리가 담겨 있는《원리강론》의 중요성과 그 역할은 변하지 않고 있다.

막강한 경제력을 가지고 있는 통일교 교세에 대해, 문선명의 막내아들 문형진은 2011년 현재 국내 통일교 신도의 수가 1만 9,000명이라고 처음 공식적으로 밝혔는데, 이들 통일교 신도들의 목표는《원리강론》이 주장하는 바, 곧 문선명이 메시아가 되는 통일교왕국의 건설을 이루는 것이다.

《원리강론》이 주장하는 것을 간략히 요약하면 다음과 같다. 뱀과 인간(아담과 하와)의 성적 범죄로 인하여 인류가 타락하게 되었고, 이를 회복하기 위해 제2의 아담인 예수가 메시아로 강림했으나 실패했고, 마침내 제3의 아담인 문선명이 이 땅에 왔다는 내용이다.[1] 그리고 재림한 메시아인 문선명을 통해 한반도에 지상 천국이 건설된다는 것이 《원리강론》의 주장이다.

문선명은 "공자, 석가, 예수까지도 나의 부하"(1976. 3. 15), "본인은 재림주요 구세주"(1992. 7. 6), "본인과 본인의 아내는 인류의 참부모, 구세주, 재림주, 메시아"(2002. 8. 24)라고 공개적으로 선언해 오고 있는데, 이는 다음과 같은《원리강론》주장을 구체화한 것이다.

> 예수님은 지상 천국을 복귀하시어, 복귀된 전 인류의 참부모가 되시고, 그 나라의 왕이 되셔야 할 것이었다(이사야 9:6; 누가복음 1:31-33). 그러나 유대인들의 불신으로 인하여 이 뜻을 이룰 수 없게 되었으므로, 장차 재림하셔서 이루실 것으로 약속하시고 십자가에 돌아가셨다. 따라서 그가 재림하시어서도 초림 때의 사명이었던 지상 천국을 이루시고, 거기에서 인류의 참부모가 되시고 또 왕이 되셔야 하는 것이다. … 예수님이 재림하실 동방의 그 나라는 바로 한국인 것이다.[2]

이와 같은 문선명 자신의 재림주 선언과 위의《원리강론》내용을 종합해 보면 동방의 나라 한국에 나타난 재림주가 바로 문선명이라는 것이 논리적인 귀결이다.

《원리강론》은 예수가 재림할 동방의 나라는 바로 한국이며, 따라서 한국은 "하나님이 가장 사랑하시는 일선인 동시에 사탄이 가장 미워하는 일선이 되어서, 민주와 공산의 두 세력은 여기에서 서로 부딪치게 되는 것이니, 그 부딪치는 선이 바로 삼팔선"이고, "그러므로 삼팔선에서 일어났던 6·25동란은 국토 분단에 기인한 단순한 동족상쟁이 아니라 민주와 공산 두 세계 간의 대결이었으며, 나아가서는 하나님과 사탄과의 대결"이었다고 해석한다.³ 여기에 기초하여 통일교는 군사 정권하에서 적극적인 반공 운동을 전개하며 많은 경제적 이권을 확보하기도 하였다.

문선명의《원리강론》은 한국 이단 운동의 효시인 김백문의《기독교 근본 원리》로부터 깊은 영향을 받았다. 김백문의《기독교 근본 원리》는 '창조 원리'(創造原理), '타락 원리'(墮落原理), '복귀 원리'(復歸原理) 등 총 3편으로 구성되어 있는데,《원리강론》과의 내용적 유사성은 문선명이 김백문으로부터 영향받았음을 짐작하게 한다.

1966년 5월 1일에 초판이 발간된《원리강론》의 전편은 '창조 원리', '타락론', '인류 역사 종말론', '메시아의 강림과 그 재림의 목적', '부활론', '예정론', '기독론' 등 총 7장으로, 그리고 후편은 '복귀 기대 섭리 시대', '모세와 예수를 중심한 복귀 섭리', '섭리 역사의 각 시대와 그 연수의 형성', '섭리적 동시성으로 본 복귀 섭리 시대와 복귀 섭리 연장 시대', '메시아 재강림 준비 시대', '재림론' 등 총 6장으로 구성되어 있다.

문선명의《원리강론》은 영어로도 번역되어 서양에 전해졌는데, 초판은 1973년에 *Divine Principle*이라는 이름으로 미국에서 발간되었으며, 개정판이 1996년 미국에서 발간되었다.《원리강론》은 통일교의 지상 과제가 무엇인지를 분명하게 보여 준다. 그 목적은 "제3의 아담"이며 "평화의 왕"이고 "하나님"인 문선명이 한국에 자신을 '메시아'로 선포하고 지상 천국을 건설하는 것이다. 심지어 이를 위해 문선명은 세계 언어가 참부모의 모국어이고 지상 천국이 건설될 땅의 언어인 한국어로 통일되어야 한다고 가르친다. 한국어 《원리강론》의 마지막 부분인 제6장 '재림론'에서는 "모든 민족의 언어가 하나로 통일되지 않으면 아니 된다"로 마치고 있으나, 최근의 영어판 *Exposition of the Divine Principle*에는 아래의 새로운 부분이 추가되기에 이르렀다.[4]

어떤 언어로 통일되어야 하는가? 이 질문에 대한 답은 명백하다. 아이들은 부모의 언어를 배워야만 한다. 만약 그리스도가 한국 땅으로 재림한다면 그는 분명히 한국어를 사용할 것이고, 그렇다면 한국어가 모든 인류의 모국어가 되어야 한다. 모든 인류는 마침내 참부모님의 언어를 자신들의 모국어로 사용해야만 한다. 모든 인류는 한 언어를 쓰는 한 민족이 될 것이고, 하나님이 다스리시는 하나의 세계 민족이 생겨날 것이다.[5]

최종 목적은 한반도에 통일교왕국 건설

《원리강론》이 주장하는 통일교의 지상 목표는 문선명이 메시아로 선포되는 통일교왕국을 한반도에 건설하는 것이다. 그리고 문선명이 재림주가 되는 지상 천국을 건설해 나가는 구체적인 과정이 성지의 조성, 곧 부동산 매입이다. 문선명은 1965년의 세계 순회 강연회를 시작으로 전 세계 곳곳에 소위 통일교 성지들을 지정하고 지속적으로 이들의 매입과 개발을 추진해 오고 있다. 문선명에 의해 선택된 성지는 일본에 8개, 미국에 55개, 한국에 15개, 기타 국가에 42개 등 모두 120여 개에 이르고 있다.

문선명은 해외 진출 초기에는 미국을 중요하게 생각했다. 하지만 1980년대 초 미국에서 탈세로 인해 투옥된 후 그 관심을 남미로 돌렸다. 그중 하나가 남미 대륙의 가장 중심부에 위치하는 브라질 자르징(Jardim) 지역에 새희망농장을 건설한 것이다. 통일교는 부지의 매입을 위해 3,000만 달러를 썼다. 1999년 12월 7일자 로이터 통신에 따르면 통일교가 이 지역을 선택한 이유는 무엇보다도 이 지역이 다른 지역에 비해 상대적으로 낙후된 지역이었기 때문이다. 통일교는 부지를 매입하고 정착하기 위해 지역 주민들에게 무료 식사 제공, 지역 축제 및 행사 개최, 사회봉사 활동 등을 적극적으로 하고 있지만 그 궁극적인 목적은 통일교왕국을 건설하는 것이었다.

통일교의 제품 판매와 기업 운영의 최종 목적도 통일교왕국 건설과 다르지 않다. 우리들이 만약 통일교에서 만드는 맥콜, 천연사이다, 천연탄산수 등을 구입하고, 또한 용평리조트와 디오션리조트 등의 사업체들을 이용할 때, 그 경제적 이윤은 통일교의 종교적 목적을 위해 사용된다는 점을 잊어서는 안 된다. 예를 들면 2012년 4월 일화는 지난 30년간 맥콜을 50억 개 이상 판매했다고 밝혔는데, 이를 통해 발생한 수조원에 이르는 경제적 이윤이 통일교에게 돌아간 것을 알 수 있다.

통일교는 국내 1,400만평의 부동산을 기반으로 종합 리조트 단지를 개발하고, 궁극적으로는 통일교왕국의 기반으로 삼으려는 야욕을 가지고 있다. 뉴욕 맨해튼의 엠파이어스테이트 빌딩과 UPI통신사도 통일교 소유이고, 통일교 관련 트루월드(True World Foods)라는 생선 공급 업체는 미국

9,000여 레스토랑에 생선을 공급하고 있다. 통일교 성지 개발이라는 명분으로 경제적 부를 쌓아 가고 있는 것이다.[6]

북한에 침투한 통일교

북한에도 통일교의 성지가 조성되어 있다. 통일교는 문선명의 고향인 평안북도 정주군 덕언면 상사리에는 정주평화공원을 건설했다. 통일교의 북한 진출은 우리의 상상을 초월한다. 문선명이 1991년 11월에 평양을 방문하여 김일성과 만나고 남북교류협회합의서에 서명한 후 통일교는 적극적으로 북한에 진출해 오고 있다. 이때 김일성은 문선명의 생가를 잘 보존하라는 지시를 내렸고 이는 통일교의 성지인 정주평화공원의 개발로 이어지게 되었다.

통일교의 북한 진출 현황과 비교해 볼 때, 한국 교회의 북한 선교는 상대적으로 '낭만적'이며 '고비용 저효율' 단계에 머물러 있다. 다양한 영역에서 폭넓은 남북 간의 상호 교류가 활발하게 이루어지고 있는 현 시점에서, 한국 교회의 북한 선교를 위해 반드시 짚고 넘어가야만 하는 문제가 있는데, 바로 이미 북한에 정치 경제적인 영향력을 확보하고 있는 통일교에 대해 어떻게 대처하는가의 문제다.

《원리강론》은 한국전쟁을 하나님과 사탄의 대결이라고 주장한다.[7] 따라서 문선명에게는, 공산주의의 최전선에 위치한 북한이 '카인의 세력'이며 '사탄의 세력'이다. 이러한《원리강론》의 주장은 특히 1990년대 이전의 통일교의 종교 활동을 통해 고스란히 드러난다.

통일교의 반공(反共) 이론은 베트남 전쟁 시기의 미국과 군사 정권 하의 한국에서 효과적으로 활용되었다. 즉 통일교의 미국과 한국에서의 급속한 성장은 반공 교리에 기초한 정치 활동과 밀접히 연관되어 있다. 1959년 미국 포교를 시작한 이후 통일교는 베트남 전쟁 반대 운동의 중심이었던 미국 캘리포니아 주 버클리대학교에서의 과감한 찬전(贊戰) 운동을 통해 미국 사회의 주목을 받는 동시에 미국 정부와 정보부(CIA)의 지원을 받았다. 당시 미국 대통령이던 닉슨은 통일교에게 전보를 보내 감사를 표하기까지 했다. 닉슨은, "베트남의 평화를 위한 귀 단체의 3일간의 단식을 통해 베트남의 자유와 정의와 평화를 위한 우리의 싸움을 지지해 준 것에 대해 감사드립니다"라는 축전(祝電)을 보냈다. 이러한 반공 찬전(反共贊戰) 활동을 계기로 통일교는 미국 사회에서 가시적인 주목을 받으며 빠른 성장을 하게 된다.

이러한 미국에서의 경험은 한국에도 그대로 적용되었다. 반공을 정권 유지의 수단으로 이용하던 군사 정권하에서 통일교는 정계에 대한 적극적인 로비와 함께 반공, 나아가 승공(勝共) 운동을 전개하게 되고, 이에 대한 대가로 군사 정권은 통일교의 경제적, 정치적 배려를 했다. 바로 이 시기가 바로 군수 산업 등의 참여를 통해 통일교가 자신들의 경제적 토대를 마련한 시기이기도 하다. 또한 탁명환이 통일교 연구와 관련하여 남산의 중앙정보부에 끌려가 어려움을 겪었던 시기도 바로 이때이다.[8]

1983년 12월 20일 잠실종합실내체육관에서 문선명은 소위 '전국 승공 궐기 대회'를 열기에 이른다. 통일교의 외각 단체인 국제승공연합(International Federation for Victory over Communism)이 주최한 이 대회는 "전국 승공 궐기 대회에 우리 모두 뜨거운 결의로 모이자!"라는 슬로건을 내걸고, 초대의 글을 통해, "북괴 집단뿐 아니라 전 세계 곳곳에서 폭력을 일삼고 있는 공산주의 세력을 이 지구 상에서 근멸하지 않고서는 결국 조국의 통일, 세계 평화도 이루어질 수 없을 것입니다"라고 주장한다.[9] 이 대회에서 문선명은 "세계와 한민족의 결의!"라는 제목의 주제 강연을 통해, 그의 "통일 운동의 최종 목적"이 "공산주의를 이 지구상에서 완전히 일소하고 참된 자유와 평화와 번영의 세계를 이룩하려는 것"이라고 밝힌다.[10] 이와 함께 "악마가 지배"하는 "북괴"를 이기고 남한 내의 "지하 조직을 적발"하기 위한 실천적인 국민운동이 필요하다고 강조한다.

이러한 통일교의 북한 이해는 1991년 문선명과 김일성의 만남을 계기로 급변하게 된다. 하지만 이러한 변화는 통일교의 교리가 변하는 본질적인 내용의 변화가 아니라 포교 활동에서 전면적이고 획기적인 형식의 변화였을 뿐이었다.

특히 1990년대에 들어 북한의 종교 정책이 급격히 변화한다. 북한의 《조선말사전》에 따르면, 1981년 판에서는 "종교"는 "신, 하나님 등과 같은 자연과 사람을 지배하는 그 어떤 초자연적이고 초인간적인 존재나 힘이 있다고 하면서 그것을 맹목적으로 믿고 그에 의지해서 살게 하며 이른바 저승에서 행복한 생활을 꿈꿀 것을 설교하는 반동적인 세계관 또는 그러한 조직. 종교는 인민 대중의 혁명 의식을 마비시키고 착취와 억압에 무조건 굴종하는 무저항주의를 고취하는 아편이다"라고 부정적으로 설명하지만, 1992년 판에서는 "종교"를 "사회적 인간의 지향과 렴원을 환상적으로 반영하여 신성시하여 받들어 모시는 초자연적이고 초인간적인 존재에 대한 절대적인 신앙 또는 그 믿음을 설교하는 교리에 기초하고 있는 세계관"이라고 하여 상대적으로 현저히 중립적인 설명으로 바뀌게 된다.

이러한 새로운 움직임 속에서 북한의 통일교 이해뿐만 아니라 통일교의 북한 이해도 변화하기 시작한다. 북한의 통일교 이해의 변화는 통일교의 적극적인 북한 수뇌부 접촉과 북한으로의 진출로 인해 가능하게 된다. 이러한 접촉과 진출은 김일성과 문선명의 만남을 계기로 하여 급진전하게 되는데, 문선명은 1987년 5월 15일 "남북통일운동국민연합"이란 단체를 결성하고, 1991년 11월에 평양을 방문하여 김일성과 만나고 남북교류협회합의서에 서명한 후, 적극적으로 북한에 진출해 오고 있다.

이러한 공개적인 적과의 동침은 그 이후로 점점 깊어지게 되는데, 문선명은 1994년 김일성이 사망했을 때 당시 세계일보 박보희 회장을 보내 조문을 하게 하여 소위 조문 파동을 일으켰다. 이후 박보희는 국가 보안법 위반 혐의로 일정 기간 동안 국내에 들어오지 못했는데, 이러한 혐의 사실은 박보희가 북한에 보낸 아래의 조문 내용 때문이었다.

> 40여 년간의 식민지 억압을 끝장내시고 그렇듯 강력하고 기백 있는 국가를 창건하시고 공화국을 이끌어 오신 위대한 수령님께서 계시지 않는다 생각하니 슬픔을 금할 수 없습니다. 진정 현대 역사의 위인은 떠나가셨으나 우리 조국의 평화적 통일을 위한 김일성 주석의 필생의 노력은 우리 모두의 기억 속에 영원히 남아 있을 것입니다. … 친애하는 지도자 동지께서 수령님의 위업을 굳건히 이어 나가리라는 것을 굳게 믿으며 각하께서는 조국 통일을 실현할 운명을 타고나신 분으로 7,000만 조선 인민의 이 같은 숙망을 실현하실 책임을 지니고 있습니다.[11]

이처럼 객관적인 조건들의 변화 속에서 통일교는 1990년대 이후로 북한에 적극적으로 진출해 오고 있다. 현재 남북 경제 협력의 단계를 고려할 때, 이미 통일교의 북한 진출은 그 규모와 내용 면에서 남한의 그 어떤 단체들보다도 유리한 고지를 선점하고 있는 것을 알 수 있다.

현재 북한에서는 통일교의 경제적 진출과 정치적 협력이 상당히 깊게 진행되어 있다. 통일교의 북한으로의 경제적 진출을 남한 기업들의 개성 등의 제한된 지역에서의 활동과 비교해 볼 때, 한국 정부와 기업의 진출은 상대적으로 불확실하고 불안정한 단계에 머물고 있음을 알 수 있다.

하지만 문선명 사망 후, 북한에 독점적이고 안정적으로 진출해 오던 통일교에 변화가 감지되고 있다. 남한에 비해 상대적으로 안정적으로 평가받던 북한 내의 통일교 사업도 재정비하고 있다. 무엇보다도 평화자동차를 포기하고 북한으로 넘긴 것으로 보인다. 지난해 말 한 일간지의 보도에 따르면, 평화자동차가 통일부에 사업자 승인 취소를 완료했다고 보도했다. 향후 통일교는 북한 정권의 도움을 받아 유통업 진출을 계획하고 있는 것으로 알려졌다.

통일교의 대북 진출과 관련해 문선명이 종교적 명분을 내세웠다면, 한학자 체제는 경제적 이윤에 초점을 맞추고 있는 것으로 분석된다. 특히 평화자동차 박상권 사장이 김정은 국방 위원회 제1위원장과 만나고, 김정일의 2주기 추도식에 참가한 것이 알려지자, 북한 사업과 무관한 통일그룹 계열사인 일신석재의 주가가 상승하는 등, 통일교의 대북 관계 변화에 따라 계열사의 주가 변동이 이루어지는 특이한 모습을 보였는데, 이는 북한 핵심 지도 세력과 통일교의 밀월 관계를 여실히 보여 주는 근거가 되고 있다.[12]

통일교는 우리 한국 교회가 북한 선교를 본격화해 나갈 때 필연적으로 부딪칠 수밖에 없는 세력이 되었다. 이 대결은《원리강론》의 내용대로 문선명이 이 시대의 메시아요 구세주로 선포될지, 아니면 우리 하나님의 거룩하신 이름이 100여 년 전 그때처럼 다시 북녘땅에 선포될지에 대한 피할 수 없는 일전이 될 것이다.

남북 간의 화해와 교류가 진전되는 현 상황에서, 그리 멀지 않은 시기에 문선명을 메시아로 북녘땅과 세계에 선포하려는 적그리스도 통일교의 세력과, 지금으로부터 100여 년 전 뜨거운 부흥의 불길이 일어났던 그 땅 위에 다시 한번 하나님의 거룩하신 이름을 선포하고자 하는 한국 교회 간의 피할 수 없는 거룩한 전쟁이 일어날 수밖에 없는 임박한 가능성을 보면서, 한국 교회는 지금부터라도 철저한 영적 무장과 지혜로운 대처를 해 나가야 한다.

북한 선교는 낭만적인 선교가 아니다. 통일교를 비롯한 이단사이비단체들과의 거룩한 영적 전쟁을 지혜롭고 담대하게 준비했을 때, 한국 교회는 통일한국, 복음의 물결로 뒤덮이는 한반도를 꿈꿀 수 있다.

남한으로 진출하는 통일교

2005년 2월 7일자 〈주간조선〉은 "통일교 돈 3조 원이 몰려온다!"라는 제하의 기사를 통해 "통일교가 막대한 외자(外資)를 앞세워 새로운 사업에 속속 뛰어들고 있다"고 밝히고 있다. 이 기사에 따르면, 통일교는 용인 에버랜드 면적의 10배에 이르는 가칭 국제해양관광레저단지를 여수시 화양면에 건설 중이며, 이를 위해 향후 10년간 1조6,000억 원을 투자할 계획이다. 그리고 여의도 22번지의 1만 4,000여 평의 부지에는 통일교의 랜드마크가 될 컨벤션·쇼핑센터의 건설을 추진하면서 최대 10억 달러를 투자할 전망이다. 또한 경기도 김포 일대에 총 5만 평 규모의 헬기 공장의 건설을 추진하면서 약 3억 달러의 투자를 할 예정이라고 밝히고 있다. 이 기사는 이러한 통일교의 진출이 결코 '종교적인 이념'과 무관하지 않다는 결론을 내리고 있다.[13]

통일교는 한반도의 중심부에 위치하는 경기도 가평군 설악면 송산리에는 천주청평수련원을 건설했다. 2001년 7월의 기공식 이후 이곳에는 문선명 부부가 사후에 머물게 된다는 대지 1만 2,000평 연건평 9,200평 위에 지상 4층 지하 2층의 본관과 지상 2층 지하 2층의 별관으로 구성된 천정궁을 비롯하여 천주청평수련원, 청심국제중고등학교, 청심신학대학원, 청심유치원, 청심병원, 청소년 수련원인 청아캠프, 실버타운인 청심빌리지, 직원 숙사인 청아빌라 등이 들어섰다. 통일교는 설악면 송산리의 땅뿐만 아니라 인근 지역인 청평면 고성리 일대에도 상당한 임야를 가지고 있다. 또한 엑스포가 개최된 여수에 지역 개발을 명분으로 조직적이고 계획적인 정착에 성공했다. 문선명의 아들 문국진은 국내 1,400만 평에 이르는 통일교 소유지에 대한 종합 리조트 건설 계획을 밝히기도 했었다.

통일교는 "예수님이 재림하실 동방의 그 나라는 바로 한국"이며 바로 문선명이 그 메시아라고 믿고 있다.[14] 통일교의 교리에 따르면 창조의 본 목적은 하나님을 기쁘게 하는 것이지만, 인류의 타락으로 인해 이 목적이 상실되었고, 타락된 인류를 회복하기 위해 참부모(True Parents)에 의한 축복결혼(Blessed Marriage)으로 이루어지는 참가정(True Family)을 통해서 바로 한국 땅에 지상 천국이 건설될 것으로 믿고 있다.

문선명은, 예수 사역의 실패를 주장하면서 자신이 다시 온 "구세주", "재림주", "메시아"라고 교회와 세상을 미혹했다. 그리고 그의 사망 후에도 적그리스도 세력은 점점 그 영향력을 확장해 나아가고 있다. 그렇기에 불확실한 미혹의 시대를 사는 신실한 신앙인은 "이것들을 증언하신 이가 이르시되 내가 진실로 속히 오리라 하시거늘 아멘 주 예수여 오시옵소서"(계 22:20)라는 말씀이 우리 가운데 곧 이루어지기를 소망하며, 통일교와의 거룩한 싸움에 나서야만 한다.

대부분의 이단들은 그들만의 지상 천국을 꿈꾸고 있다. 해방과 한국 전쟁의 혼란기를 전후해 생겨난 이단들은 너도나도 지상 낙원을 선전하며 신도들의 헌신을 요구했고, 고통스러운 현실로부터 벗어나고 싶었던 신도들은 지상 낙원을 꿈꾸며 가진 것을 모두 아낌없이 바쳤다. 하지만 안타깝게도 그들에게 돌아온 것은 영생불사할 줄로만 알았던 교주의 죽음과 오갈 곳 없는 자신들의 처지였다. 현재 활동 중인 이단들도 그들만의 지상 천국 건설에 열을 올리고 있다. 구원파, 하나님의교회, 신천지교회, JMS, 통일교 등도 국내외 곳곳에 자신들의 근거지를 만들기 위해 안으로는 헌금을 강요하고 밖으로는 사업을 통한 이윤 창출에 열중하고 있다. 이를 통해 이단들은 경제적 부를 형성하고, 신도들의 이탈을 막으며, 조직을 더욱 강화하고, 궁극적으로는 그들의 종교적 최종 목표인 지상 천국 건설의 꿈을 이루려고 한다. 이러한 활동을 하고 있는 대표적인 이단이 바로 통일교인 것이다.

문선명 사후의 통일교, 어디로 갈 것인가?

2012년 9월 3일 한국 이단의 뿌리 문선명이 사망했다. 혹자는 문선명이 없으니, 통일교는 곧 쇠퇴하리라는 장밋빛 전망을 내놓는다. 하지만 통일교는 단순 종교 조직이 아니라, 종교적 신념으로 구축된 영향력 있는 기업형 종교이다. 종교 조직은 교주의 존재 유무에 따라 그 존폐가 논의될 수 있으나, 경제 조직은 대체적으로 그 창업자가 사망할 경우에도 다양한 이해관계에 기초한 새로운 후계 구도가 구축되고 지속되는 것을 볼 수 있다. 문선명 사망에도 불구하고 통일교는 상당 기간 지속될 것으로 전망된다. 게다가 통일교는 단순히 이윤 추구를 목적으로 하는 단체가 아니라, 종교적인 목적으로 운영되고 있는 종교 조직인 까닭에 다른 기업들과 비교할 때 조직원의 헌신도 면에서 경쟁력을 가지고 있다.

문선명의 사망은 통일교 몰락의 시작인가, 아니며 새로운 출발의 시작인가? 현재 통일교는 모든 신흥종교가 직면할 수밖에 없는 2세대로 넘어가는 전환점에 서 있다. 포스트 문선명의 시대를 어떻게 이끌어 나아갈지에 대한 시험대에 선 것이다. 문선명은 사망하기 전, 3남 문현진을 버리고, 대신 4남 문국진을 경제 부문 후계자로 그리고 7남인 문형진을 종교 부문 후계자로 지명했다. 하지만 이로 인한 아들들 간에 벌어진 소위 '왕자의 난'은 불안한 통일교의 앞날을 보여 주었다.[15]

문선명 사후 1년이 지난 현재 통일교 진로를 둘러싼 내부 갈등과 조직 변화가 두드러지게 나타나고 있다. 문선명 사망을 전후에 통일교 지도력을 장악했던 4남 문국진과 7남 문형진이 물러나고 현재는 부인 한학자 체제로 재편된 상태이다.

하지만 강력한 후계자인 3남 문현진의 영향력을 무시할 수 없는 상태인 까닭에 포스트 문선명 체제는 아직도 불안정한 상황이다. 전 세계적인 초종교 단체 조직을 구체화하면서 활발한 활동을 하고 있는 문현진은 현재 통일교 주도권을 가지고 있는 세력들에게는 가장 강력한 위협 세력으로 남아있다.

현재 한학자는 일본과 북한에서의 사업을 비롯해 통일교 사업을 전반적으로 재정비하고 있다. 일본에서의 재정 위기도 통일교에게는 악재로 작용하고 있다. 통일교의 주요 자금원이며, 영감상법(통일교가 제작한 물건은 시세보다 훨씬 비싸게 팔아 이윤을 추구하는 사기 행각)으로 인한 피해가 가장 큰 일본에서도 이상 기운이 감지되고 있다. 먼저 영감상법과 관련한 소송에서 통일교가 패소함으로써, 피해 보상을 위한 줄소송이 예상되고 있다. 이는 통일교의 자금력에 상당한 압박을 줄 것으로 보인다. 게다가 일본 통일교 신자들 중 상당수가 현재 통일교 지도부에 대한 노골적인 반감을 드러내고 있는 상황이다.

한학자는 피스컵과 피스퀸컵을 중단하고 성남일화축구단도 포기했다. 또한 매년 열리던 합동결혼식도 2-3년마다 개최할 예정이다. 반면 통일교 조직을 강화하고 있어, 당분간은 포스트 문선명 체제 안정을 도모할 것으로 보인다.[16]

통일교는 적대적인 이단 단체

통일교 연구에서 과연 통일교가 기독교인지 아닌지의 문제가 1960-1980년대에 집중적으로 다루어졌으며, 이러한 논의는 세계기독교통일신령협회가 1994년 5월 3일 세계평화통일가정연합으로 명칭 변경이 이루어지는 시점까지 지속되었다. 통일교를 체계적으로 연구한 탁명환도 1983년 《統一教는 기독교가 아니다》라는 책자를 통해 '기독교 교리와 통일교 교리의 비교'를 시도하면서, 통일교가 기독교가 아님을 주장했다. 미국교회협의회도 1977년 6월 "원리강론에 나타난 통일교 교리에 대한 비판"이란 제하의 공식 문서를 발표했는데, 1975년 9월 4일 통일교가 뉴욕교회협의회의 가입을 신청을 위해 뉴욕 주 대법원에 통일교가 기독교회임을 규명해 달라고 청원하자, 미국교회협의회는 각 분야의 전문가들로 구성된 위원회를 설립하여 《원리강론》을 연구한 후, 《원리강론》에는 "전통 교회의 삼위일체에 대한 교리와는 다른 주장하고 있으며, 기독론과, 구원론, 은총론에서도 잘못되었다"고 결론 내렸다. 일본기독교협의회 또한 1975년 9월 18일에 성명을 발표하여, "통일교는 성서에 기초한 종교"가 아님을 분명히 했다.

통일교는 《원리강론》의 예언대로, 문선명이 구세주가 되는 지상 천국을 한반도에 건설하기 위해 본격적으로 움직이고 있다. 우리가 분명히 잊지 말아야 할 사실은, 통일교와 한국 교회의 관계가 적대적(敵對的)이라는 것이다. 왜냐하면 통일교는 예수를 실패자로 보고 대신 문선명을 "메시아", "재림주"로 믿고 있기 때문이다. 그렇기에 통일교가 어떠한 외형적인 변화를 시도하더라도, 내용적으로는 영원히 기독교 이단으로 분류될 수밖에 없다.

무엇보다도 통일교는 자신들이 주장하는 것을 삶 속에서 실천하지 못하는 사이비종교의 전형이다. 문선명의 가정에 대해, 죄가 없는 "참부모" "참자녀" "참가정"을 주장하지만, 현재 그들의 가정에서는 사회적 통념으로 이해할 수 없는 반(反)가정적인 일들이 벌어지고 있다. 재산을 둘러싸고 형제들이 다투고, 자녀들이 자살하거나 이혼하고, 아들은 어머니를 이권 문제로 고소하기도 했다. 국내외에서 혹세무민하는 이단사이비 집단인 통일교와의 거룩한 싸움은 결코 멈출 수 없는 이유가 여기에 있다.

•
註
1. 《원리강론》 내용에는 문선명의 이름이 직접 거명되어 있지 않다.

2. 세계기독교통일신령협회,《원리강론》(성화사, 1966), 490, 499.

3. 앞의 책, 499, 502.

4. 앞의 책, 513.

5. The Holy Spirit Association for the Unification of World Christianity, *Exposition of the Divine Principle* (New York: The Holy SpiritAssociation for the Unification of World Christianity, 1996), 410-411.

6. 탁지일, "통일교 동향과 북한 선교"《북한 개발 소식》(2014. 2), 7-10.

7. 세계기독교통일신령협회,《원리강론》, 499, 502.

8. "5·16 군사 쿠데타가 일어난 후 박정희 군사 정권이 들어서서 '반공을 국시의 제일로 삼고'라고 천명하자 여기에 재빨리 편승하여 문 교주는 반공 활동을 전개했다. 나아가 1968년에는 국제승공연합을 조직했다. 또한 공기총 장사에 손을 대 돈을 벌기 시작한 후 문 교주는 돈벌이에 주력하게 되었다. 그 공기총 장사가 모체가 되어 통일 산업이라는 무기 생산업에 손을 대게 된 것이다. 이때 문 교주는 반공을 내세웠던 박정희 군사 정권보다 한술 더 떠서 '승공'을 내세웠던 것이다. 더구나 학원가에서 학생들의 반정부 운동이 거세지자 통일교 측은 대학생 '원리연구회'를 내세워 정부의 호감을 샀다. 그러다가 고려대학교를 비롯하여 전남대학교 등 몇몇 대학에서 통일교의 서클 활동이 학생들의 거센 반대에 직면하기도 했다." 탁명환, "문선명 왜 북한에 갔나", 〈월간 말〉(1992. 1), 173.

9. 전국 승공 궐기 대회(1983. 12. 20) 포스터.

10. 문선명, "世界와 韓民族의 決意: 전국 승공 궐기 대회 문선명 총재 주제 강연문" (서울: 국제승공연합, 1983), 12.

11. "통일교 박보희 9월 북한 방문했다", 〈신동아〉(1997. 11)에서 재인용.

12. 탁지일, "통일교 동향과 북한 선교", 7-10.

13. 정장열, "통일교 돈 3조 원이 몰려온다", 〈주간조선〉(2005. 2. 7), 20-24 참고.

14. 세계기독교통일신령협회,《원리강론》, 499.

15. 탁지일, "문선명 사후의 통일교, 어디로 갈 것인가?", 〈기독교 사상〉(2012. 11), 42-49.

16. 탁지일, "통일교 동향과 북한 선교", 7-10.

통일교는 《원리강론》의 예언대로, 문선명이 구세주가 되는 지상 천국을 한반도에 건설하기 위해 본격적으로 움직이고 있다. 우리가 분명히 잊지 말아야 할 사실은, 통일교와 한국 교회의 관계가 적대적(敵對的)이라는 것이다. 왜냐하면 통일교는 예수를 실패자로 보고 대신 문선명을 "메시아", "재림주"로 믿고 있기 때문이다.

그렇기에 통일교가 어떠한 외형적인 변화를 시도하더라도, 내용적으로는 영원히 기독교 이단으로 분류될 수밖에 없다.

05
우리 주변의
이단들

신천지 예수교 증거장막성전

교회 안으로 침투한다!

최근 한국 교회에 가장 큰 피해를 주고 있는 이단 단체는 신천지 예수교 증거장막성전(신천지교회)이다. 신천지교회의 훈련받은 신도들이 정체를 감추고 교회 내로 침투해 활동하면서 한국 교회에 큰 혼란을 야기하고 있다. 신천지교회 신도들의 비상식적인 포교 활동으로 인해 한국 교회에는 초대교회와 같은 긴장감이 감돌고 있다. 초대 교회 이단들도 교회 안에서 교회를 분열시키고 성도들을 미혹했기 때문이다.

성서와 기독교 역사는 이단이 교회 밖에서 결코 생기지 않는다는 사실을 보여 준다. 항상 교회 안에 그 뿌리를 두고 발흥하고 소멸해 왔다. 신약 성서를 보면 초대 교회에서 활동하던 이단들의 모습이 보인다. 갈라디아서 2장 4절을 보면 교회로 가만히 들어와 예수 안에서 자유한 이들을 종으로 삼으려고 노력하는 거짓 형제들(이단)의 모습이 나타난다. 초대 교회 안에는 전선 없는 영적 전쟁이 계속 일어났다. 이 과정에서 교회의 신앙과 신학이 확립되었다. 동서방 교회의 공통된 신앙 고백인 니케아-콘스탄티노플 신조가 등장한 것도 이때였다. 이런 점에서 기독교 역사는 일면 이단과의 투쟁의 역사이기도 하다.

그런데 2,000년이 지난 한국 땅에 이와 유사한 포교 전략을 가진 이단이 나타났다. 다른 이단들처럼 교회 밖에서 우리를 미혹하는 것이 아니라 교회 안으로 침투하여 사람들을 미혹하는 신천지교회의 등장이 그것이다.

144,000명이 차면 신천지 세상이 된다?

신천지의 조건부 종말론은 한국예수교전도관부흥협회(현 천부교)의 설립자인 박태선과 그 아류들의 직간접적인 영향을 받았다. 박태선은 그 자신이 동방 한국에 온 하나님이며, 구원받을 144,000명을 만드는 감람나무고, 자신은 영생불사(永生不死)한다고 주장했다. 박태선은 자신이 "이긴 자" "보혜사" "동방의 의인" "말세의 의인"이며, 말세에 온 하나님의 전권 대사로서 144,000명의 의인이 차면, 예수님을 오시게 하고 천년성을 이룩한다고 세상을 미혹했다.

박태선의 교리와 유사하게, 이만희도 그의 저서《천국 비밀 계시록의 진상》에서 신천지 신도가 144,000명에 이를 때 하나님께서 세상을 심판한다고 주장하면서, 영생을 얻기 위해 144,000명에 속해야 한다고 강조한다. 이만희는, "범죄한 선천세계(처음 하늘과 땅)를 끝내시고 다시 새 이스라엘을 창설하시니 말씀으로 인 맞은 수가 각 지파당 12,000씩 12지파를 인치시니 모두 144,000이다 … 144,000 수가 모이고 이 천국 복음이 곳곳에 전파되니 이 천국 복음(새노래)이 참인 것을 각 교단 성도들이 알게 되고 각 목자들도 알게 되니 너도나도 이 새로운 말씀을 찾아 모여들어 큰 무리를 이루는 것이다 … 빛의 자녀들이 모이는 것을 시온산이라고 한다"고 주장한다.[1]

결국 신천지가 바로 시온 산이며, 신천지가 교회에 침투에 추수(미혹)한 알곡들이 새 노래(신천지 교리)를 배우고, 그리고 그 숫자가 144,000명에 이를 때, 살아서 영생을 얻고 왕 같은 제사장들이 되는 신천지 세상이 될 것이라는 것이 신천지의 주장이다. 그렇기에 이들은 수단 방법을 가리지 않고 포교 활동을 하면서, 심지어 가정을 위해 가정을 포기할 것을 강요한다. 신천지에게 미혹당한 수많은 사람들이 사랑하는 가족을 버리고 떠나는 이유는, 그렇게 해야 그들을 살릴 수 있다는 신천지의 궤변 때문이다.

성서는 구원의 숫자를 결코 구체적으로 명시하거나 제한하지 않는다. 예수 그리스도께서는 "누구든지 하늘에 계신 내 아버지의 뜻대로 하는 자가 내 형제요 자매요 어머니이니라 하시더라"(마 12:50)고 가르치셨으며, 바울은 "누구든지 주의 이름을 부르는 자는 구원을 받으리라"(롬 10:13)고 증언한다.

가정을 위해 가정을 포기한다?

신천지교회의 설립자 이만희는 자신을 보혜사라고 주장한다. 그의 저서들에는 지은이가 "보혜사" 이만희라고 분명히 적혀 있다. 성서에 따르면 보혜사는 예수이고 성령이다. 이만희의 주장을 따르는 신천지 신도들은 자신들의 숫자가 144,000명이 되는 날 자신들이 왕과 제사장이 된다고 믿고 포교에 열을 올리고 있다. 가정 파탄을 무릅쓰고라도 포교를 위해 모든 것을 희생하는 신천지 신도들이 많다. 그들은 언젠가는 다시 가정을 회복할 수 있다고 믿고 있다. 아이러니컬하게도 이들은 가정을 위해 가정을 포기하고 있는 것이다.

신천지는 다양한 포교 전략을 구사한다. 전남대학교에서는 동아리 연합회를 장악하여 많은 건전한 기독교 동아리들을 제명시킨 사건도 있었다. 혹은 교회에 침투하여 청년 회장이 되기도 하고, 청년부 성경 공부 순장이 되어 청년들을 미혹하고, 구역장이 되어 구역 식구들을 통째로 신천지로 데리고 가기도 한다. 과외와 사이버 공간을 이용하기도 한다.

일단 신천지에 미혹되면, 월화목금 하루에 2시간 정도씩 6개월여의 교리 교육 과정을 거치게 되고, 이 기간을 시작으로 가정 불화와 가출이 빈번하게 일어나기도 한다. 신천지 교육을 촬영한 한 동영상은 소위 "산 옮기기" 작전에 대해 설명하고 있는데, 그 내용은 50여 명 이하의 교회를 통째로 삼킬 수 있는 방법이라고 한다. 상식적으로 생각해도 상식적인 종교 단체는 아닌 것이 분명하다. 하지만 안타까운 사실은 이러한 노력에도 불구하고, 신천지 신도들이 애타게 기다리는 144,000명의 그날은 요원한 현실이다.

걸어 다니는 성경, 성경만 가르친다?

신천지교회는 그들의 홈페이지를 통해 기성 교회 교인들과 비교하면서 자신들을 "걸어 다니는 성경"이며 "성경 외에는 교육하지 않는다"고 공개적으로 주장한다. 실제로 신천지 신도들의 교리 교육은 타의 추종을 불허한다. 요즘은 세상에 기현상이 일어나고 있다. 가짜 이단들은 진짜처럼 성서를 많이 읽고, 진짜 신앙인들은 가짜처럼 성서를 읽지 않는 세상이 되었다.

명품을 아는 사람만이 위조품을 구분할 수 있다. 하나님 말씀을 모르고는 이단을 분별할 수는 없다. 신앙인 스스로가 하나님 말씀 위에 바로 서야만 이단에 대처할 수 있다.

또한 신천지교회는 성서만 가르친다고 주장한다. 하지만 이는 사실이 아니다. 초중급 과정의 교리 교육을 마치면, 이들은 《천국 비밀 요한계시록의 실상》 등 이만희의 저서들을 가르친다. 그런데 이 책의 서문에 따르면, "이 책의 해설과 증거는 모세 때(신 29:4)에도 예수 초림 때에도(마 13:34-35) 밝히지 아니한 천국 비밀을 오늘날 드러내어 밝힌 것으로서 기독교 최고의 값진 내용의 책이다"라고 기록되어 있다. 그들 스스로 그들의 교리가 비성서적임을 고백하고 있는 것이다.

또한 신천지교회 문제는 사회적 주목을 받고 있다. 신천지교회로 인한 가정 파탄과 설립자 이만희에 대한 신격화 문제가 언론에 상세히 보도됐고, 신천지가 성역화하고 있는 경기도 과천에 '신천지 대책 과천시 범시민연대'가 발족하기에 이르렀다. 또한 주목할 만한 일은 최근 신천지교회를 비판한 사람들을 신천지 측이 고소했는데, 이에 대해 법원은 "신천지교회는 내부적으로 상당 부분 문제점을 내포하고 있는 종교"라며 피고소인들을 불기소했다. 한국 교회의 공익을 위해 신천지에 적극적으로 대처할 수 있는 법적인 계기가 마련됐다고 볼 수 있다.

신천지의 포교 전략은 타의 추종을 불허한다!

신천지는 거짓말이 자유롭다. 신천지는 자신들의 포교 방법을 '모략 전도'라고 부르며, 자신들의 거짓말을 합리화하고 있다. 하지만 모략이라는 단어의 히브리 어 뜻은 거짓말이 아니라, 충고 혹은 선한 충고라는 뜻이다.

성서를 자의적으로 해석하며, 거짓말의 죄를 범하는 신천지 신도들이 안타깝기만 한다.

참된 그리스도인들은 그들이 누구인지에 대해 신천지처럼 거짓말을 하지 않는다. 그리스도인들은 어떤 세상을 만나든지, 자신들이 믿는 예수가 그리스도이며, 그분의 십자가를 지고 그분을 따르는 자신들은 그리스도인들이라는 사실을 숨긴 적이 없다. 만약 세상이 자신들을 거부하면 박해와 순교를 마다하지 않고 신앙을 지켰다. 포교를 위해 부모 형제자매와 교우들에게 거짓말을 일삼는 신천지는 결단코 그리스도인들이 아니다.

신천지의 포교 전략은 타의 추종을 불허한다. 신천지 신도들의 거짓말과 음모는 하나님의 뜻을 이루기 위한 정당한 방법으로 합리화되어 있고, 가족의 갈등과 불화는 신천지 세상을 이루기 위한 피할 수 없는 희생으로 미화되어 있다. 하지만 안타깝게도 그들이 왕과 제사장이 되는 신천지 세상이 올 가능성은 점점 희박해지고 있다. 144,000의 그날을 가장 두려워하는 사람은 이만희일 것이다. 왜냐하면 설령 그날이 와도 아무런 일도 일어나지 않을 것이기 때문이다.

최근에 입수한 신천지의 포교 방법에 따르면 이들은 수단과 방법을 가리지 않고 포교하고 있다. 예를 들면, QT를 통해서 접근한 후 문자와 전화로 관계를 형성하거나, 마술로 호기심을 유발해서 접근하거나, 버스 안에서 시나리오 작가라고 소개한 후 볼펜과 사탕 등을 주며 신앙 간증을 해 달라고 접근하거나, 기독교 서점에서 CCM을 주제로 접근하거나, 기독교 백화점에서 물품 구입 상담을 미끼로 접근하거나, 개척 교회 주일 학교 교사로 가장해 도움을 요청하며 접근하거나, 대학 연구원을 가장해 심리 테스트(MBTI) 설문지를 가지고 접근하거나, 직장에서 차를 뽑아 주거나 식사를 같이하면서 접근하거나, 지역 신문에 승용차 같이 타기 광고를 통해 접근하고 있다. 특히 청소년들에게 익숙한 UCC를 통해서도 신천지 교리를 선전하고 있다.

특히 신천지교회의 활동가들은 기성 교회에 조직적이고 체계적으로 침투하고 있다. 신천지교회 신도들은 자신들이 속한 지역에서 신천지 교리 학습과 주변의 기성 교회 교인들에 대한 포교를 동시에 진행하는 한편, 주변 기성 교회에 교인으로 가장하여 침투한 후 조직적으로 활동하고 있다.

한편 신천지 신도들이 침투해서 활동하던 기성 교회에서 발각되었을 경우 반응하는 모습들이 놀랍게도 전국적으로 유사한 모습을 보여 준다. 이들은 기성 교회에 잠입하여 활동하면서 지속적인 보고 활동을 통해 포교 전략을 세운 후, 혼자 혹은 여러 명이 함께 대상 교회에 잠입한다. 잠입에 성공한 후 헌신적이고 적극적인 활동을 통해 구역 모임이나 각 부서의 리더가 되려고 노력한다. 예를 들면, 구역장이나 청년부 등의 회장 등이 되어 신천지 포교 활동을 본격화하려고 계획한다. 이와 함께 신천지 교리에 관심을 갖는 포교 가능자를 선별하여 신천지 신학원에서 교리 교육을 받게 한다. 만약 신천지 교인인 것이 발각될 경우에도 끝까지 자신은 신천지 교회와 관련이 없음을 주장하게 한다. 하지만 어쩔 수 없이 신천지 신도인 것이 입증되더라도, 평소에 알고 있던 교인들에게 전화를 하거나 찾아와 신천지교회와의 무관성을 주장하며, 교회가 자신을 부당하게 처리하였음을 눈물로 호소하고 동정심을 유발해 교회 안에 여론을 조성하는 등의 끈질긴 모습을 보여 준다.

우연을 가장해 치밀하게 다가오는 신천지 신도들이 우리 주변에서 우는 사자와 같이 삼킬 자를 찾고 있다. 한편 신천지에게 배우자와 자녀를 빼앗긴 피해자들이 애타는 마음으로 1인 시위를 지속하고 있고, 신천지에 공격당한 주님의 교회들이 고통받고 있다. 해외 교민 사회의 피해도 커져 간다. 신천지는 해외에 다수의 신도가 있다고 주장하고 있다. 신천지로 인한 다음 피해자는 우리 가정, 우리 교회가 될지도 모른다.

신천지의 진화하는 포교 전략과 그들의 파상 공세에 효과적으로 대처하기 위한 지혜가 필요하다. 무엇보다도 교회 중심의 신앙생활을 벗어날 때 문제가 생긴다. 목회자가 인지하지 못하는 교회 밖에서의 성경 공부를 하지 말아야 한다. 이와 함께 말씀 중심의 신앙 생활을 위한 지속적인 이단 예방 교육이 필요하다.

더 이상 교회 안에 숨어 있을 곳이 없다!

신천지의 기존 포교 전략은, 정체를 감추고 교회나 기관에 침투한 후, 섭외(포교) 활동을 통해 교인들을 추수하는(빼내 가는) 것이었다. 하지만 대략 2011년부터 이러한 '모략 포교'가 '공개 포교' 전략으로 전환되고 있다. 즉 거리에서 "아름다운 신천지"를 소개한다며 공개적인 포교 활동을 하거나, 지역을 순회하며 "말씀 대성회"라는 공개 강연회를 개최하고, 지역 목회자들에게 공개 토론을 요청하거나, 편지를 써서 국내외의 목회자들에게 무작위로 발송하고 있다. 2011년 월간 〈현대종교〉 상담 통계에 따르면, 신천지 관련 상담이 급증하여 전체 상담의 반에 이르고 있다고 한다. 이는 신천지의 포교 전략 변화에 기인한다. 모략 포교에서 공개 포교로 전환할 수밖에 없는 신천지의 노림수는 무엇일까?[2]

신천지는 알곡과 가라지 두 종류의 씨가 뿌려진 곳이 교회이며, 따라서 알곡을 추수하기 위해서는 교회로 가야 한다고 주장한다. 즉 교회는 추수밭이고, 자신들은 추수꾼(사명자)인 것이다. 추수의 목적은 신천지 신도 144,000명을 만드는 것인데, 이 숫자가 차면 자신들이 영생불사할 뿐만 아니라, 세상의 왕과 제사장이 된다고 믿고 있다. 그렇기 때문에 신천지 신도가 되면 운명적으로 포교 활동에 모든 것을 걸 수밖에 없다.

신천지에 미혹된 이들은 신천지세상을 꿈꾸며 자신에게 소중한 것을 아낌없이 포기한다. 즉 사랑하는 가족을 위해 사랑하는 가족을 포기하는 아이러니컬한 일들이 일어나고 있다. 이는 일제 강점기로부터 시작된 한국 이단사이비종교의 전형적인 특징이기도 하다. 이단사이비종교에 빠진 이들은 가정을 구원한다는 명분으로 가정을 버리고, 학생과 직장인은 임박한 신천지세상 건설을 위해 학업과 직장을 포기하기도 한다.

이들은 소위 "모략(거짓말)"을 써 가며 교회에 침투해 포교 활동을 한다. 수단 방법을 가리지 않고 신천지 교리 교육을 받도록 미혹한다. 미혹 후 6개월여의 신천지 교리 교육은 사람을 바꿔놓는다. 이들은 실제로 '성경만을' 가르친다. 하지만 교회의 건전한 성경 공부를 통해 만나는 분은 예수 그리스도이지만, 신천지 성경 공부를 통해서 만나는 이는 이만희인 것이 신천지 성경 공부의 특징이다. 안타까운 사실은 모략은 신천지 신도들이 이해하는 것처럼 거짓말이 아니라 '선한 충고'라는 성서적 의미를 가지고 있다. 즉 성서에 대한 열심이 아니라, 성서에 대한 무지가 오히려 신천지로 이끌고 있는 것이다.

이렇게 교회에 침투하는 신천지 신도들을 막기 위해 교회는 다양한 방법을 강구해 오고 있다. 그 중 대표적인 것이 신천지 신도들의 출입을 금지하는 내용의 글을 교회 입구 등에 게시하는 활동이다. 교회는 누구든지 들어올 수 있는 공간이다. 하지만 출입 금지 경고에도 불구하고, 교회에 침투해서 활동하는 신천지 신도들은 실정법으로 처리할 수 있는 근거를 마련한 것이다. 이는 신천지 신도들에게는 '경고'를, 교인들에게는 '경각심'을 일으키는 두 가지 목적을 동시에 만족시키고 있다. 이와 함께 신천지의 접근 방법과 특징들이 교인들에게 구체적으로 교육되면서 신천지의 교회 내 모략 포교 활동이 점점 어려워지고 있다. 또한 신천지 신도들의 명단, 사진, 동영상들이 활용되면서 이들의 정체가 지역 교회에 노출되고 있다.

신천지 신도들이 더 이상 교회 안에 숨어 있을 곳이 없다! 신천지 신도들의 커밍아웃은 자신감의 표현이 아니라, 기존의 포교 터전인 교회 내에서의 활동이 여의치 않은 상황에서 나온 불가피한 선택이다.

부정적 이미지의 변신이 필요했다!

신천지라는 표현에 긍정적인 이미지를 떠올리는 사람들은 아마도 한국 사회에서 신천지 신도들밖에는 없을 것이다. 신천지의 부정적인 이미지는 언론과 교계에 이미 널리 각인되어 있다. 신천지의 시급한 과제들 중의 하나는 이러한 부정적인 이미지를 바꾸는 것이다.

신천지 신도들이 가족들과 지인들에게 자신이 신천지 신도라고 떳떳하게 말하지 못하는 현실은 곧 정신적 자괴감이나 정체성 혼란의 문제로 나타날 수 있기 때문이다. 오지 않을 신천지 세상을 기다리는 이들의 헌신과 복종을 지속적으로 이끌어내기 위해서, 새로운 감언이설과 전략이 필요했을 것이다. 그것이 공개 포교 전략인 것이다.

최근 거리로 나선 신천지 신도들이 우리들을 향해 "아름다운 신천지입니다"라고 인사하며, 소위 '진리의 성읍' 신천지를 소개하는 유인물을 나누어 주는 것을 보면 당황스럽기까지 하다. 하루 종일 사람들의 왕래가 많은 지역에는 신천지 신도들의 끊임없는 이미지 변신의 노력들이 목격된다. 하지만 이러한 신천지 신도들의 모습은 '아름다움'보다는 '측은지심'을 불러일으키고 있다.

국내외를 막론하고 주변 사회의 부정적인 인식을 받았던 신흥종교 단체들이 지속된 예는 거의 없다. 특히 배타적인 구원관을 주장하며, 기존 교인들을 미혹하며 빼내갔던 이단사이비 단체들은 예외 없이 몰락의 길을 걸었다.

교회 공동체에 불신을 심고, 가정의 가치를 거침없이 파괴하는 신천지의 부정적 이미지 극복은 불가능해 보인다. 오히려 예전처럼 모략으로 무장하고 교회 안에 암약하며 섭외(포교) 활동에 힘을 쏟는 편이 나았을는지도 모른다.

신천지의 커밍아웃은 고맙게도 교회가 신천지 소속 신도들의 정체를 파악할 수 있는 계기를 마련해 주었다. 다양한 사진 자료의 공유를 통해 신천지 신도들의 이름과 연락처뿐만 아니라 얼굴도 알 수 있게 되어, 교회의 대처 활동에 도움을 주고 있다.

신천지의 부정적 이미지 극복을 위한 커밍아웃이 신천지에게 '득'이 될지 '독'이 될지 지켜볼 필요가 있다. 교회에서 활동하자니 이미 정체들이 많이 드러났고, 그렇다고 외부에서 활동하자니 사회의 부정적인 인식이 팽배한 것을 신천지 신도들은 체감하고 있다. 그럼에도 불구하고 속히 144,000명을 채워야만 하는 신천지의 조바심, 신천지가 모습을 드러내야만 하는 이유가 여기에 있다.

144,000명의 그날은 결코 오지 않는다!

신천지는 자신들의 숫자가 144,000명에 이를 날을 손꼽아 기다리고 있다. 영생불사와 영광의 이날을 위해 모든 것을 희생하면서 포교 활동에 전력하고 있다. 신천지 외곽 조직인 사단 법인 만남의 홈페이지에는 자신들의 회원 총수가 7만 여명이라고 소개하고 있다. 2014년 현재 신천지 내부 자료 등을 통해 분석한 신천지 신도들의 숫자는 125,000명 정도로 알려져 있다. 과연 신천지 144,000의 그날은 올 것인가?

첫째, 일단은 불가능해 보인다. 신천지에게는 오히려 신도 증가보다는 신도 이탈에 신경을 써야 할 시기가 되었다. 신천지가 주장했던 교리들이 하나둘씩 허구로 들어나고 있다. 곧 신천지 신도들은 자신들이 빼앗긴 것이 무엇인지를 직시할 시기가 다가오고 있고, 신천지 지도부는 자신들의 살길을 마련하기 위해 종교적 경제적 지분을 확보해야 할 시점이 운명적으로 다가오고 있다. 일부 핵심 지도자들은 그들의 이단 선배들이 했던 것처럼, 스스로의 정통성을 주장하며 또 다른 제2의 신천지를 설립하는 일에 이미 착수하고 있는지도 모른다.

둘째, 더욱 안타까운 사실은, 만약 신천지 신도의 숫자가 144,000명에 이른다 하더라도 아무 일도 벌어지지 않을 것이라는 사실이다. 물론 신천지 지도자들에게는 경제적 부를 가져다 주겠지만, 일반 신도들에게 남는 것은 여전히 불확실한 미래에 대한 불안감과 생활의 불안정성일 것이다. 최근 신천지 지도부는 144,000명이라는 숫자는 일반 신도들이 아니라 '핵심 신도'들의 숫자를 의미한다고 말 바꾸기를 시도하고 있다고 한다. 신천지의 숫자 채우기 게임은 그 끝이 보이지 않을 전망이다.

신천지에게는 144,000명이 차도 문제고, 차지 못해도 문제이다. 이것은 이단사이비종교의 어쩔 수 없는 운명이다. 신천지 지도자들에게는 144,000명이 차든 차지 않든 잃어버릴 것이 없다. 그들은 이미 충분한 부를 소유하고 있다. 하지만 일반 신도들은 다르다. 그들의 잃어버린 세월과 가정, 정신적인 피해와 충격을 보상받을 수 있는 곳은 아무 곳에도 없다는 아픈 현실을 만날 수밖에 없다.

신천지 신도들의 영생불사(永生不死)는 영영불가(永永不可)하다!
영생불사한다고 주장하던 이만희가 후계자를 준비하는 이해 불가한 상황이 연출되고 있다. 신천지 압구정동 신학원 원장이며, 신천지 외곽 조직인 만남의 대표인 김남희에 대한 후계자 작업이 구체화되고 있다.

　　최근 만남의 활동이 전국 곳곳에서 활발하게 진행되는 것이 감지된다. 만남의 주요한 슬로건들 중 하나가 "빛과 빛의 만남은 이김"이다. 이는 이.만.희.와 서울 압구정동 신천지신학원의 책인자인 김.남.희.의 이름자를 순서대로 조합한 것으로써, 김남희가 후계자로 자리매김하고 있음을 보여준다. 실제로 월간〈현대종교〉는 이만희가 진료를 위해 한 병원에 출입하고 있다는 제보를 받아, 병원에 온 이만희를 촬영한 적이 있었다. 이때 그를 곁에서 밀착 간호하던 사람이 바로 김남희였다.

　　이곳에서 촬영된 휠체어에 앉아 있는 이만희의 모습은, 영생불사하는 보혜사의 모습이 아니라 우리 주변에서 흔히 볼 수 있는 평범한 인간의 모습이었다. 신천지의 실체를 적나라하게 보여 주는 상징적인 장면이었다. 게다가 2013년 말에는 부부가 아닌 이만희와 김남희가 함께 사는 모습이 언론에 포착되어 도덕성에 문제가 제기되기도 한다.

　　이만희는 스스로도 이루지 못한 영생불사의 꿈을 자신의 신도들에게 주입하고 있는 것이다. 물론 의심할 여지없이 신천지 지도부의 영생불사도 불가능하다. 하지만 그렇다하더라도 이미 커져 버린 신천지 조직을 생각하면 수수방관하면서 그들의 거짓말이 들통 날 때를 기다리고만 있을 수도 없는 것이 신천지 지도부가 처한 진퇴양난의 현실이다. 영생불사는 못 하더라도, 가지고 있는 기득권만은 포기할 수 없는 것이 신천지 지도부의 솔직한 속셈일 것이다.

이단사이비종교는 신도들을 세뇌하기 위해, 정보를 통제하고, 관계를 통제하고, 생활을 통제한다. 이것이 마인드 컨트롤이다. 특히 쉴 틈 없는 종교(포교) 활동을 강요하면서 생활을 통제한다. 숨어서 모략 포교를 진행하던 신도들을 수면 위로 끌어내고, 이들에게 공개 포교라는 이름으로 쉴 틈 없이 헌신을 강요하는 신천지의 목적은, 신천지 신도들로 하여금 영생불사가 영영불가하다는 사실을 잊어버릴 수 있도록 하기 위한 고도의 전략인 것이다.

신천지 커밍아웃은 몰락의 시작이다!
역사는 이단사이비 단체들의 몰락이 순식간에 일어난다는 사실을 증언하고 있다. 주님의 교회는 주님 다시 오실 때까지 영원하지만, 적그리스도의 교회는 언제나 쉽게 생성과 소멸을 반복한다.

한 시대를 풍미하며 영향력이 대단했던 이단사이비들이 순식간에 몰락하는 일들을 역사 속에서 어렵지 않게 찾아볼 수 있다. 이단사이비들에 대한 최후의 승리는 예수 그리스도의 것이며, 이러한 승리에 대한 예언이 곧 하나님의 기록된 말씀인 성서다.

이단사이비 문제에 대해서는 우리가 반드시 이긴다는 자신감과 자긍심을 가지고 접근해야 한다. 이단들을 두려워하지 말고, 이단들로부터 신앙 공동체가 분열되지 않고 순결하게 지켜질 수 있도록 최선을 다해야 한다. 이단 교리를 분석하고 비판하는 일보다, 하나님의 말씀을 읽고 가르치고 그대로 행하는 일에 더욱 매진해야 한다.

신천지의 커밍아웃이 신천지 추락의 시작이지만, 방심은 금물이다. 여전히 신천지 신도들이 국내외 곳곳에서 수단과 방법을 가리지 않고 우리들을 미혹하고 있다. 외국의 경우, 한국 국적 항공기의 직항 노선지에는 어김없이 신천지의 싹이 독버섯처럼 자라나고 있다. 향후 일, 이년의 기간이 신천지 대처에 있어서 중요한 분기점이 될 것이다. 제2의 신천지가 나타나지 않도록 예의주시하는 한편, 교회를 수호하며 신천지 피해자들을 회복시키는 일에 교회의 관심과 노력이 필요하다.

온 세상의 그리스도인들은 신천지(新天地)를 꿈꾼다. "새 하늘과 새 땅" 그리고 "거룩한 성 예루살렘"(계 21:1-2)은 우리 그리스도인들의 변함없는 소망이다. 이러한 성서의 핵심적인 진리를 신천지가 오염시키고 있다. 교회의 언어를 훼손하는 것이 이단이며, 교회가 그 언어를 회복하는 것이 이단 대처이기도 하다. 하나님의 말씀을 "더하거나 제해 버린"(계 22:18-19) 비성서적인 적그리스도 신천지의 몰락이 다가오고 있다.

신천지 문제, 이제는 치유와 회복이 필요하다!

안타까운 점은 신천지로 인해 교회 안에 상호 불신이 싹트고 있다는 사실이다. 신천지교회 추수꾼들(기성 교회 안에서 정체를 감추고 포교 활동을 벌이는 신천지 신도들)로 인해 교회 안에서 서로를 신뢰하기가 점점 어려워지고 있다. 목회자들은 이제 새로운 신자들이 와도 그렇게 기쁘지만은 않은 것이 현실이다.

또한 신천지의 비정상적인 포교 활동도 문제이지만, 이로 인한 신앙 공동체의 내적 분열이 심각하다. 소위 '신천지 교적부'로 인한 피해 사례들이 있다. 교적부에 이름이 거명된 당사자들과 그 가족들의 상담이 이어지고 있다. 신천지에 있을 때에는 신천지에게 피해를 당하고, 신천지를 이탈한 후에는 교회로부터 오해를 받고 있다는 내용이다. 상황이 여기에 이르자, 설상가상으로 신천지는 교회 갈등을 더욱 부추기기 위해 신천지에 단순하게 참가했거나 이탈한 사람들의 명단으로 만든 거짓 교적부를 역으로 살포하는 지경에 이르렀다.

신천지 교적부는 실재한다. 하지만 작성된 시기가 여러 해 전이기 때문에, 그 이후에 가입한 추수꾼들의 명단은 포함되어 있지 않다는 점에 유의해야 한다. 또한 교적부에는 현재도 신천지에 관련된 이들도 있지만, 이미 신천지에서 이탈하여 정상적인 신앙 생활을 하고 있는 이들도 포함되어 있다. 따라서 신천지 교적부에 이름이 있다는 이유만으로 바로 정죄하기보다는, 진실 확인을 위한 교회 관계자들의 지혜로운 접근이 선행되어야 한다.

교회별 신천지 관련자 처리 사례는 천차만별이다. 신중한 접근으로 피해를 최소화하는 교회가 있는가 하면, 그 처리 과정에서 내부 갈등이 일어나는 교회도 있다. 후자의 경우 대부분은 신천지의 악영향에 대한 위기감으로부터 비롯된다고 볼 수 있다.

물론 근본적인 원인 제공자는 신천지다. 이들의 비정상적이고 비상식적인 포교 방법이 교회로 하여금 강한 방어벽을 세우게 만든 것이다. 하지만 신천지 문제에 대해 교회와 사회가 한목소리로 대응해 나가고 있는 지금, 교회의 내부 피해를 최소화하기 위한 치유와 회복의 노력도 병행되어야만 한다.

이단과의 영적 싸움에서 순수한 기독교인들이 입을 수 있는 피해를 최소화해야 한다. 이단과의 싸움이라는 명분으로 인해, 우리 안의 하나님의 형상이 파괴되어서는 안 된다. 이는 이단사이비들의 궁극적인 목표이기 때문이다.

신천지로 인한 교회 안의 부작용을 최소화하기 위해, 첫째, 신천지 관련자 처리를 위한 공신력 있는 정보가 필요하다. 심증만으로 정죄하는 것은 피해야 하며, 필요할 경우 전문가의 조언을 받는다. 둘째, 신천지 교적부에 이름이 있거나 다른 정황으로 신천지와의 관련이 의심되는 경우, 정확한 경위 파악과 함께 현재 관련성 여부를 입증할 수 있는 증거를 확보한다. 셋째, 현재도 관련된 것이 명백할 경우 교회법에 따라 공개적이고 신속 정확하게 치리하고, 결백을 주장할 경우 충분한 권면과 함께 지속적인 상담을 통해 예의 주시한다. 넷째, 이미 신천지를 이탈했다 하더라도 교적부의 명단에 포함된 경우, 과거 신천지 관련 사실은 부인할 수 없는 사실이기에 교회가 정한 바에 따라 성실한 관계 회복 과정을 따르는 것이 중요하다. 다섯째, 주변에서는 기도와 배려를 통해 관련자들이 치유되고, 새롭게 관계가 회복될 수 있도록 도와야 한다.

혹자는 이러한 주장이 신천지 대응 전략을 약화시킬 위험성이 있다고 지적할 수 있다. 부인하지 않는다. 하지만 이단을 섬멸하는 것보다 더 중요한 것은 우리가 순결한 그리스도의 신부로 살아남는 것이다. 신천지에 대한 성급한 대응으로 인해 기독교의 본질이 훼손되어서는 안 된다.

註

1. 이만희,《천국 비밀 계시록의 진상》(도서출판 신천지, 1988), 123, 128, 273.
2. 탁지일, "'모략 포교'에서 '공개 포교'로 전환한 신천지의 불편한 진실", 〈목회와 신학〉(2012. 5), 152-157.

하나님의교회 세계복음선교협회

새로운 이단 트렌드를 선도한다!

최근에 가장 활동이 두드러진 이단 단체들은 단연 신천지 예수교 증거장
막성전과 하나님의교회 세계복음선교협회일 것이다. 특히 자신들의 교세
가 100만 명을 넘는다고 주장하는 하나님의교회의 포교 전략이 주목을 받
고 있다. 신천지처럼 가정 불화 등의 반사회적인 문제들을 야기하기보다
는, 사회봉사와 같은 친사회적인 활동을 통해 주변 사회의 인정을 받으며
꾸준히 교세를 확장해 나가고 있다. 기독교에 대한 부정적 여론에 편승하
여 정통 교단의 교리적 인정보다는 다수를 차지하는 비기독교인들의 사회
적 인정을 받으려는 이들의 포교 전략이 현재는 어느 정도 주효하고 있는
것으로 보인다.

하나님의교회 봉사활동의 전략은 오른손이 하는 일을 반드시 왼손이

알게 하는 비성서적인 전략이다. 사회봉사 활동을 한 후, 언론들에게 보도 자료를 보내 게재하도록 하고, 그리고 이들 기사들을 가지고 지방 자치 단체나 관할 경찰서를 찾아가서 표창을 요청한다. 이렇게 받은 상장들을 인터넷에 올리고, 자신들이 건전한 종교 단체라고 주장하며 사람들을 미혹하는 전략이다. 오른손이 하는 일을 왼손이 모르게 하는 한국 교회의 알려지지 않은 사회봉사가 훨씬 귀한 이유가 여기에 있다.

안타깝게도 세상의 빛과 소금의 역할을 충분히 감당해 내지 못하고 있는 한국 교회를 대신하여 오히려 이단들이 국내외에서의 활발한 사회봉사 활동을 통해 그 영향력을 확장해 나가고 있는 것이 현실이다. 예전 이단들이 노골적으로 교주를 신격화하고 가정을 파괴하는 등의 비상식적이고 반사회적인 문제들을 야기했다면, 최근 이단들은 간접적이고 지능적인 교주의 신격화와 친사회적인 사회봉사 활동을 통해 공신력을 얻어 가는 진화된 모습을 새로운 트렌드로 보여 주고 있다.

시한부 종말론에 집착한다!

하나님의교회 종말론은 안식교의 종말론에 기초하고 있다. 하나님의교회 설립자 안상홍(1908-1985)은 1947년 7월 안식교에 입교하고, 1948년 12월 16일 침례를 받았다. 하지만 재림 교리에 대한 이견으로 1962년 안식교를 탈퇴한 후, 1964년 4월 부산에서 하나님의교회 예수증인회를 설립한다. 안상홍은 1985년 2월 사망했으며, 현재는 새언약 유월절 하나님의교회와 하나님의교회 세계복음선교협회(대표자 김주철, 장길자)로 나뉘어져 있다.

안식교는 1844년 종말을 주장했지만 실패로 끝났다. 하지만 안식교는 이것이 종말의 실패가 아니며, 예수님이 하늘 성소의 지성소로 들어가 조사 심판(調査審判)을 시작한 시기라고 교리를 수정했다. 안식교 교리를 체계화한 엘렌 G. 화이트(Ellen G. White, 1827-1915)는 "1844년에 그리스도께서 세상에 오시는 것이 아니라 당신의 재림의 준비로 속죄 사업을 마치기 위하여 하늘 성소의 지성소에 들어가셨다 ··· 성소 문제는 1844년의 실망의 신비를 해결하는 열쇠가 되었다 ··· (1844년 재림의 예언은) 지성소 안에서의 그리스도의 봉사, 곧 조사 심판을 가리키는 것이지 주님께서 당신의 백성을 구속하시고 악인을 멸망시키기 위하여 재림하시는 일을 가리키는 것이 아니었다"고 주장한다.[1]

하나님의교회 설립자인 안상홍은 이러한 안식교의 교리를 변경 발전시킨다. 안상홍은 그의 저서 《신랑이 더디 오므로 다 졸며 잘새》에서 2012년을 세상 종말의 해로 주장하면서, 그 이유에 대해 1844년에 예수님이 하늘 성소의 지성소에 들어갔으며, 모세가 성막을 168일 만에 완공했으니, 1844년에 168을 더하면 2012가 되고, 이때가 세상의 종말이라고 해석한다.[2]

이로 인해 2012년 종말을 실제로 믿은 신도들은 학업과 생업을 뒤로하고 물질적 헌신을 하기도 했다. 하지만 2011년부터 종말 주장은 서서히 자취를 감추기 시작했다. 아마도 종말이 올 조짐이 전혀 보이지 않았기 때문일 것이다.

게다가 2012년 종말의 해에 하나님의교회는 부지 매입과 건축에 집중했다. 2012년 한해에 무려 29개 지역(김해, 의정부 녹양, 인천 부개, 원주, 부천 소사, 영등포, 안산 제2단원, 용인 수지, 수원 팔당, 청원 내수, 상주, 순천, 정읍, 나주, 광주 방림, 서산, 서울 공항, 서울 용산, 세종, 울산 매곡, 울산 온양, 충주 교현, 서울 도봉, 군포 금정,

안양 만안, 속초, 서울 강남, 서울 상도, 시흥)에 대규모 건물을 마련했다. 과연 종말의 때에 땅을 사고 건물을 짓는 일을 어떻게 이해할 수 있을까? 의심할 여지없이 하나님의교회 지도자들은 2012년 종말을 결코 믿지 않았던 것이 분명하다.

하나님의교회의 종말 주장은 이번이 처음은 아니다. 1988년에도 종말을 주장했다. 1988년 9월 25이부터 10월 2일까지 충남 연기군 전의면에서 열렸던 "초막절 전도 대회"를 홍보하기 위해 만든 "안상홍증인회 하나님의교회" 명의의 전도지에는 "1988년이 다 지나기 전에 시온 성(절기 지키는 교회=사 33:20)으로 지체하지 말고 도피해야 합니다(렘 4:5-6). 그러나 일요일과 크리스마스(12월 25일) 및 추수 감사절 등 사람이 만든 절기를 지키는 곳은 재앙과 지옥불이 임하는 곳입니다(살후 1:7-8, 계 22:18-19)"라는 종말 주장이 담겨 있다.[3]

물론 1988년도 2012년도 아무 일 없이 지나갔다. 하지만 하나님의교회의 비성서적 종말 주장은 계속될 전망이다. 성서는 종말의 때에 대해, "그날과 그때는 아무도 모르나니 하늘에 있는 천사들도, 아들도 모르고 아버지만 아시느니라"(막 13:32)라고 분명하게 증언한다.

"하늘에 계신 아버지 안상홍 님!"

안식교에 뿌리를 둔 하나님의교회는 1985년에 사망한 부산 해운대 출신의 안상홍을 "재림 그리스도"와 "하나님"으로 믿고 있는데, 이들의 교세는 십수만 명에 이르고 있으며 30-40대가 많이 있다고 한다. 하나님의교회의 정관에는 "성령 하나님 安商洪 님의 이름과 성령 하나님의 신부 되신 어머니 하나님(長吉子 님)을 믿음으로 구원받는다는 진리를 믿는다"고 되어 있다. 또한 이들은 주기도문과 비슷한 소위 하나님의교회 기도문을 가지고 있는데, 그 내용은 다음과 같다.

하늘에 계신 아버지 안상홍 님, 아버지께서 강림하실 날은 임박하였사오나 우리들은 아무 준비도 없사오니 아버지여! 우리를 불쌍히 여기시고 아버지의 성령으로 말미암아 우리를 거듭나게 하사 아버지 강림하실 날에 부족함이 없이 영접하게 하여 주옵소서. 아버지, 안상홍 님의 이름으로 간구하옵나이다.

최근에는 소위 "하나님의 신부" 혹은 "하늘 어머니"를 자처하는 장길자에 대한 신격화가 주로 이루어지고 있다. 그리고 절대적인 권한은 영구직 총회장인 김주철에게 있다고 한다. 우리의 실소를 자아내는 이러한 교주의 신격화에도 불구하고, 한국 사회는 하나님의교회의 존재에 대한 문제 제기를 하지 않고 있다. 이는 그들의 활발한 사회봉사 활동과 연관되어 있다. 이들은 수많은 지방 자치 단체로부터 표창들을 받았고, 심지어 중앙 정부로부터 대통령 표창과 국무총리 표창 등을 받았기 때문이다.

해외로 진출한다!
이들은 사회봉사 활동 등을 통한 국내에서의 영향력 확대를 발판으로 해외로도 성공적으로 진출하고 있다. 한국 이단들의 세계화가 이루어지고 있는 상황이다. 하지만 이와 함께 하나님의교회와 관련한 문제들이 지속적으로 드러나고 있다. 최근 해외에서 하나님의교회에 대한 이메일 상담이 이어지고 있다. 내용들은 하나님의교회로 인해 불거진 가정 문제에 관한 것들이다. 북미에서 이민 생활을 하는 한 한인 가족은 하나님의교회로 인하여 본국의 친척들과의 관계도 소원해지고 자녀들도 정신적인 고통을 당해 왔다는 내용을 호소하며 도움을 요청해 왔다. 다른 한 경우는 미국인 부모들이 보낸 상담 이메일인데, 50대 중반의 아들이 하나님의교회에 빠져 한국에 갔다는 내용, 한국에서 영어 강사를 하던 아들이 하나님의교회에 미혹됐다는 내용, 자신의 딸이 하나님의교회가 주장하는 2012년 종말을 믿고 가출했다는 내용들이었다. 이들 피해자 부모들은 북미에는 생소한 신흥종교 단체인 하나님의교회에 관한 정보를 얻기를 원했다.

하나님의교회가 해외에서 활발한 포교 활동을 전개하고 있는 반면 이들에 대한 경각심을 불러일으킬 수 있는 정보는 해외에서 상당히 제한되어 있다. 얼마 전 동유럽에 파송된 한 선교사와 만나 대화하던 중 그의 사역지에도 이미 하나님의교회가 건물을 매입하는 등 포교 활동을 시작했다는 사실을 들었다. 얼마 전 한 저명한 미국의 종교 사회학자가 필자에게 이메일을 보내 왔는데 자신이 상담하고 있는 가족에 대해 언급하면서 하나님의교회에 대한 정보를 얻기를 원했다.

하나님의교회는 아시아와 아프리카에서 사회봉사 활동을 통한 세력 확장을 꾀하고 있다. 몽골 신문에는 하나님의교회의 사회봉사 활동에 관한 기사가 전면에 게재되고, 아프리카의 한 대통령은 한국 방문 일정을 마친 후 감사를 표시하기 위해 하나님의교회를 스스로 찾기도 했다. 이들은 하나님의교회를 비판하는 사람들에게 자신들이 받은 수많은 표창장들을 내놓으며 왜 자신들이 이단이냐고 반문한다. 하나님의교회의 신학원에서는 40학점의 이단학을 가르치는데 그중 20학점이 개신교에 관한 것이다. 이제는 자신들이 아니라 한국 교회가 이단이라는 자신감 넘치는 주장을 하고 있다.

하나님의교회 피해자가 국내외에서 증가 추세이다. 국내외에 하나님
의교회 피해자 모임이 운영되고 있지만 하나님의교회는 피해자들의 활동
을 수단 방법을 가리지 않고 방해하고 있다. 하나님의교회에 대한 대처 없
이 한국 교회의 이단 대처가 수월치 않을 전망이다. 이미 하나님의교회 신
도들의 저돌적인 포교 활동은, 한국 교회 복음 전도의 커다란 걸림돌이 되
고 있다.

변해야 산다!

이것이 바로 우리가 예의 주시하고 대처해야 할 하나님의교회의 실상이
다. 이들은 나름대로 진화하며 국내외에서의 영향력을 넓혀 가고 있다. 예
전에는 이단들이 한국 교회의 눈을 의식하고 한국 교회의 인정을 받기 위
해 나름대로 노력도 했지만, 최근 이단들은 한국 교회로부터 그 교리적 정
통성을 인정받기보다는 오히려 주변 사회의 공신력을 인정받기 위해 힘쓰
고 있다. 이들은 소수인 교회가 아무리 자신들을 교리적으로 이단으로 규
정해도, 다수인 주변 사회의 인정을 받는 것이 더욱 이익이 된다는 것을 잘
알고 있기 때문이다.

교회가 변해야 한다! 사회봉사에 적극적인 이단들로 인해 개교회주
의적인 양적 성장에 급급한 한국 교회는 위기를 맞고 있다. 현대 사회는 개
교회주의적인 기성 교회보다는 사회봉사 활동에 적극적인 이단을 오히려
선호하고 있는지도 모른다. 호교론적 이단 논쟁과 정치적인 이단 규정을
넘어 정부와 사회도 수긍할 수 있는 공신력 있는 이단 예방 및 대처 활동
이 필요하다. 그리고 교회 안팎의 이단의 도전에 효과적으로 응답하기 위

해서는 우리가 이단들보다 더욱 경건하고 이타적인 삶을 통해 그리스도의 순결한 신부로 거듭나야 함을 사회봉사 활동을 통해 포교에 열을 올리고 있는 이단들을 통해 배울 수밖에 없는 현실이 안타깝기만 하다.

·

註

1. 엘렌 G. 화이트,《예언과 역사》(시조사, 1967), 414, 416-417.
2. 안상홍,《신랑이 더디 오므로 다 졸며 잘새》(하나님의교회, 1985), 18.
3. 안상홍증인회 하나님의교회, "1988년은 세상 종말."

구원파

한 지붕 세 가족

세월호 사건으로 인해 구원파라는 이름이 한국 사회에 부정적으로 각인되었다. 유병언 구원파의 공식적인 이름은 기독교복음침례회이고, 구원파라는 명칭은 한국 교회가 구원파의 이단성을 강조하기 위해 사용해 온 이름이다. 한편 신문, 길거리 현수막, 버스 등에서 기쁜소식선교회라는 단체가 주관하는 성경 세미나 광고를 쉽게 볼 수 있는데, 기쁜소식선교회는 박옥수가 설립한 구원파 계통의 또 다른 단체다. 원래 구원파는 한 단체로 출발했지만, 현재는 세 개의 단체로 나누어져 활동하고 있다. 한 지붕 세 가족인 셈이다.

첫 번째로 구원파의 설립자인 권신찬과 그의 사위 유병언이 중심이 된 세월호 사건과 관련된 기독교복음침례회, 두 번째로 여기서 분립한 이요한의 대한예수교침례회/서울중앙교회, 마지막으로 박옥수의 대한예수교침례회/기쁜소식선교회가 그것이다.

　대동소이한 교리적 주장을 가지고 있는 이들은 모두 주요 교단들로부터 이단으로 규정되었다. 기성(1985년), 고신(1991년), 통합(1992년), 합동(2008년) 등의 교단들은 깨달음에 의한 구원, 회개, 죄인 문제 등과 관련하여 이들을 이단으로 규정하고 경계해 오고 있다.

권신찬과 유병언의 기독교복음침례회

권신찬(1923-1996)과 유병언(1941-2014)의 기독교복음침례회는, 구원에 대해 예수의 십자가 사건으로 과거, 현재, 미래의 죄까지 다 사함을 받았기 때문에 구원을 받은 후에는 다시 회개할 필요가 없다고 주장한다. 회개하는 자는 죄가 있다는 증거이고, 죄가 있으면 구원받지 못한다는 것이다. 인간의 깨달음에 기초한 구원파의 구원관은 자신들의 윤리적 문제를 종교적으로 합리화하거나, 잘못된 행위를 저지르고도 도덕적 불감증으로 합리화할 수 있는 위험성이 내재되어 있다. 교회와 사회가 세월호 사건에 관련된 구원파 신도들을 불안하게 바라보는 이유도 여기에 있다.

　이러한 주장으로 인해 권신찬은 1962년 대한예수교장로회 경북노회로부터 목사 면직 처분을 받는다. 이후 자신의 딸과 결혼한 유병언과 함께 본격적인 구원파 활동을 시작한다. 1966년 극동방송에 방송 목사로 입사한 후 측근들과 청취자들을 중심으로 세력을 확장한다. 방송을 악용해 구원파 교리를 전하던 중, 1974년 극동방송을 장악하려던 음모가 드러나 구원파 신도 11명과 함께 쫓겨나게 된다. 이후 유병언은 부도 직전의 부실기업을 신도들의 헌금으로 인수하고, 1978년 세모의 전신인 삼우트레이딩 대표 이사에 취임한다. 유병언에게 기업은 교회였고, 교회가 곧 기업이었다.

1987년 오대양 사건 이후 유병언은 종교 빙자 상습 사기 혐의로 4년을 복역하게 된다. 오대양 사건은 32명이 변사체로 발견된 사건으로, 사업 자금이 유병언 구원파로 흘러들어갔다는 의혹을 받았으나, 권력의 비호와 신도들의 위장 자수 등의 의혹을 남긴 채 마무리된 사건이다. 타살 의혹이 설득력 있게 제기되었으나, 자살로 결론이 내려진 대표적인 의혹 사건들 중 하나로 아직 남아 있다. 오대양 사건 이후 그 모습을 드러내지 않던 유병언은 2014년 세월호 사건으로 다시 세상에 등장한다.[1]

권신찬과 유병언은 자신들의 교리에 근거해 예수가 가르쳐 준 주기도문마저도 과소평가해 사용하지 않는다. 왜냐하면 "우리가 우리에게 죄지은 자들을 사하여 준 것같이 우리의 죄를 사하여 주옵소서"라는 반복적인 회개 기도를 구원파의 교리상 받아들일 수 없기 때문이다. 또한 십계명과 기도도 거부한다. 예수 시대에는 기도가 필요했으나 지금은 기도가 필요 없다고 가르친다. 이들은 특히 다양한 서적들과 교육을 통해 임박한 종말을 강조하면서 긴장과 위기감을 조성한다.

권신찬과 유병언 구원파는, 깨달음으로 구원을 받으며 이후에는 죄를 지어도 구원과는 상관이 없고 생활 속에서 짓는 죄는 죄가 되지 않고, 구원받은 이후에는 회개할 필요가 없이 자백만 하면 된다고 주장한다. 의인은 넘어져도 의인이라는 논리이다. 또한 구원받은 성도는 반드시 교회에 출석하지 않아도 상관이 없다고 하여 주일 성수가 불필요하다고 주장하는 한편, 기성 교회의 전통적인 성직도 인정하지 않는다.[2]

교회사에 나타난 신실한 그리스도인들은 기록된 하나님의 말씀인 성서를 믿고 실천하며, 성서가 증언하는 예수를 그리스도로 고백하는 사람들이다. 세상의 권세자가 예수를 따르지 말라고 강요하면, 그리스도인들은 순교로 저항했다. 하나님의 말씀인 성서의 내용을 자신들의 교리와 맞지 않는다고 해서 가감하거나 취사선택하는 개인이나 집단을 그래서 교회는 이단으로 규정해 오고 있다. 구원파가 이단인 이유가 여기에 있다.

기독교복음침례회는 환경 단체인 한국녹색회를 통해 포교하고 있다. 소속 청년 대학생들은 주말마다 청송과 안성을 방문하여 한국녹색회 활동을 한다. 또한 전도 집회를 통해서도 포교한다. 국내외에서 활발한 포교 집회를 열고 있는 것을 기독교복음침례회 홈페이지(www.ebcworld.org)를 통해 확인할 수 있다. 구원파의 종교적 성지인 금수원 집회에 참석 인원들을 기준으로 보면 교세는 1만 명 정도로 추정된다.

이요한의 생명의말씀선교회

이요한의 서울중앙교회(seoul.jbch.org)는 권신찬의 기독교복음침례회에서 분립한 단체다. 권신찬 등이 포교를 목적으로 사업에 치중하자, 이요한 등은 교회와 사업을 분리할 것을 주장하며 기독교복음침례회를 이탈해 1983년 독자적인 교회를 설립했다.

기독교복음침례회와 유사한 교리적 주장을 한다. 생명의말씀선교회(www.jbch.org)를 통해 적극적으로 포교 활동을 하고 있으며, 영생의말씀사(www.elpress.jbch.org)라는 소속 출판사를 통해 각종 서적을 발간하고 있다.

1971년 권신찬에게 목사 안수를 받은 이요한은 유병언의 사업과 교회 운영 방식을 비판하면서, 1983년 복음수호위원회를 조직해 반발하다가, 유병언으로부터 집단 폭행을 당하고 축출된다. 복음수호위원회는 유인물을 통해, 유병언이 신도들의 헌금을 오용하고 있고, 교회 운영이 투명하지 않으며, 사업이 하나님의 일이라고 할 수 없으니 교회와 기업이 분리되어야 한다고 주장한다. 세월호 사건을 통해 나타난 유병언 일가의 비리 의혹을 보면, 이요한의 우려가 결코 틀리지 않았던 것을 알 수 있다. 이요한은 유병언과 결별 후, 서울 방배동에서 대한예수교침례회를 설립하고, 1994년에는 경기도 안양 인덕원에 서울중앙교회를 신축한다. 현재는 생명의말씀선교회라는 이름으로 주로 알려져 있다.[3]

권신찬과 유병언의 구원파와 마찬가지로, 깨달음을 통한 구원을 주장하면서, 기성 교회 구원의 가능성은 희박하며, 단 한 번의 회개로 영혼 구원이 이루어지고, 죄를 짓더라도 자백만 하면 죄를 용서받는다고 주장한다. 또한 사도 신경과 주기도문을 사용하지 않으며, 기성 교회와는 기도와 십일조 등에 대한 이해를 달리한다.[4]

서울중앙교회는 책자 발간뿐만 아니라 신앙 상담과 성경 강연회 등을 개최하며 포교 활동을 하고 있다. 이를 통해 깨달음을 통한 구원을 강조하는 한편, 기성 교회는 구원받을 확률이 희박하다고 비판한다. 기독교복음침례회와 마찬가지로 주기도문을 거부하고, 기도도 하지 않으며, 임박한 종말을 강조한다. 서울중앙교회의 교세는 국내외 200여 소속 교회에 약 4만여 명이 있는 것으로 알려져 있다.

박옥수의 기쁜소식선교회

구원파 중 가장 활발하게 활동하고 있는 단체가 박옥수의 기쁜소식선교회(www.goodnews.or.kr)이다. 1988년 박옥수의 대표적인 저서인 《죄 사함 거듭남의 비밀》의 발간을 계기로 국내외에서 영향력을 넓혀 나가고 있다. 1990년대에는 대전한밭중앙교회를, 2004년부터는 서울강남교회를 중심으로 포교활동을 펼치고 있다.

박옥수는 딕 욕(Dick York)과 케이스 클라스(Case Glass) 등으로부터 깨달음에 관한 교리적 영향을 받은 후, 1971년 딕 욕에게 목사 안수를 받고 본격적인 활동을 시작한다. 1976년에는 한국복음선교학교를 그리고 1986년에는 기쁜소식선교회를 설립한다. 1990년에는 대전에서 한밭중앙교회를 중심으로 활동했으며, 2004년부터는 서울강남교회를 근거지로 삼고 있다.5

박옥수는 그의 저서를 통해 "정통 교회에서 하는 것이 모두 헛되다는 것을 깨닫는 것이 바로 회개와 믿음"이라고 주장하는 동시에 단회적인 회개를 강조하며 역시 다른 구원파와 마찬가지로 주기도문을 거부한다. 국내외에 300여 개의 소속 교회를 두고 있으며 대한예수교침례회라는 명칭을 사용하면서 지역 이름과 함께 '기쁜소식ㅇㅇ교회'라는 형식의 통일된 교회 명칭을 가지고 활동하고 있다.

기쁜소식선교회는 국내외에서 활발한 포교활동을 펼치고 있다. 여름과 겨울에 수양회와 어린이 캠프를 개최하는 한편 기쁜소식사라는 출판사와 GNN방송(ignntv.com)도 운영하고 있다. 특히 국내 대부분의 대학에 동아리를 두고 있는 IYF(International Youth Fellowship, www.iyf.or.kr)라는 핵심 조직을 운영하고 있다. 대표적인 대학가 이단 동아리인 IYF는 해외 봉사 활동, 세계문화체험박람회, 영어 말하기 대회 등을 통해 청년 대학생들에게 집중적으로 접근하고 있다. 이러한 활동은 구원파 교리 교육 과정이 성경 세미나에 그 초점이 맞춰져 있다.

특히 IYF는 국내 거의 모든 대학교에서 동아리 활동을 하고 있다. IYF 활동으로 인해 대학 캠퍼스는 이단들과의 영적 전쟁터가 되었다고 대학 교목실 관계자들 및 선교 단체 간사들은 염려한다. 국내외 봉사 활동과 저렴한 비용의 문화 체험 혹은 언어 연수 등으로 청년 대학생들에게 주로 접근하면서 교세를 확장하고 있다. 기독교 대학들을 포함한 국내 각 대학교 곳곳에서 활동하면서, 자신들의 활동에 방해가 된다고 판단하면 저돌적으로 공격을 한다는 사례들이 보고되고 있다. 세월호 사건 이후에는 이요한 구원파와 마찬가지로 자신들은 권신찬과 유병언의 구원파와는 관련이 없다고 주장하면서, 구원파라는 이름으로 언론과 사회에 노출되는 것에 대해 극도로 민감하게 반응하고 있다.

또한 국내 9개 도시에 링컨스쿨이라는 영어 교육을 중심으로 한 대안 학교를 운영하며 포교 활동을 하고 있다. 이처럼 기쁜소식선교회는 다양한 문화, 교육, 봉사 활동을 통해 우리를 미혹하는데, 무엇보다도 대규모 성경세미나를 통한 국내외 포교 활동이 가장 대표적이다.

유병언 구원파와 세월호

한국 기독교 이단의 역사는 세월호 사건 이전과 이후로 구분될 수 있다. 언론에서 사용이 금기시 되어 온 '이단' 그리고 '구원파'라는 용어가 보편적으로 사용되었다. '이단'은 부정적 가치 판단을 내재한 교리적 용어이고, '구원파'는 기독교복음침례회가 아닌 기성 교회가 지칭하는 용어이기 때문에, 가치 중립적인 용어 사용을 원칙으로 하는 언론에서 '이단' 혹은 '구원파'라는 단어가 보편적으로 등장했다는 점은 주목할 만하다. 이단 문제가 교회의 교리적 문제를 넘어, 사회적 문제를 야기할 수 있는 위험성이 내재되어 있다는 공감대가 형성된 것으로 볼 수 있다.[6]

구원파에 대한 의혹은 종교 연구가 탁명환에 의해 본격적으로 제기되기 시작했다. 탁명환은 1974년 구원파의 교리적 사회적 문제점을 폭로한 《세칭 구원파의 정체》 초판을 발간하고, 오대양 사건 이후인 1991년 구원파와 오대양 사건의 관련성을 밝히는 수정증보판을 발간하면서 유병언 구원파의 정체를 지속적으로 폭로했다.

탁명환은 32명이 집단 사망한 오대양 사건을 그 발생 초기로부터 직접 조사했고, 이 사건이 어떻게 은폐되고 축소되는지 목격했다. 진실을 밝히려고 노력하던 자신이 권력과 유착된 구원파로부터 상상하기 어려운 압박을 받으면서도 구원파 정체를 밝히려는 소신을 결코 굽히지 않았다. 이로 인해 유병언은 탁명환을 향한 공격은 멈추지 않았다. 이 시기 탁명환은 자신에게 무슨 일이 생기면, 그 가해자는 반드시 유병언일 것이라는 양심선언까지 했을 정도이다.

구원파는 그 출발로부터 종교 활동과 기업 운영을 동일시했다. 경제적 착취는 종교적 헌신으로 해석되었다. 깨달음을 통한 구원과 반복적인 회개의 불필요성에 대한 교리적 주장은, 죄의식을 배제한 채 자신들의 어떤 행동도 종교적으로 합리화할 수 있는 근거가 되었다.

초기 자본의 형성도 신도들의 헌납을 통해 이루어졌기에, 다른 기업들에 비해 순이익의 창출이 용이했다. 신도들은 저임금 혹은 무임금으로 그들의 노동력을 제공하고, 있는 돈마저 아낌없이 바쳤다. 이러한 행위는 종교적 헌신으로 합리화되었다. 심지어 구원파는 서독에서 힘들게 일하던 간호사들의 돈마저 거리낌 없이 거둬들였고, 유병언 일가의 사치품 구입에 사용되었다. 일반 기업에서 적용되는 '옳고 그름의 잣대'가 구원파 기업에서는 '순종과 불순종의 잣대'로 적용되었기에 반발은 용납되지 않았다. 조직적인 반발을 했던 이요한이 구원파로부터 배제된 사실이 이를 증명한다.

구원파의 사업은 신도들의 생업이었고 또한 포교 도구였다. 하지만 세월호 사건을 통해서 드러난 사실은, 이러한 기업 활동을 통해 유병언 일가의 사리사욕을 채운 것으로 드러났다. 구원파 기업 활동의 이윤이 '공익'이 아니라 '사욕'을 위해 사용된 것이다. 즉 구원파는 종교 활동을 위해 기업을 운영한 것이 아니라 돈을 벌기 위해 종교를 이용한 것이다. 이처럼 사회적 역기능을 하는 기업형 종교를 우리는 '사이비종교'라고 부른다.

국민들은 세월호 사건에 대한 구원파 신도들의 비상식적인 대응을 이해할 수 없었다. 하지만 이는 어쩌면 당연할지도 모른다. 구원파의 문제는 사회적 통념이나 상식의 눈이 아니라, 종교적인 마인드 컨트롤의 관점에서 바라봤을 때 분석되고 해석될 수 있기 때문이다. 무엇보다도 중요한 점은, 구원파 문제의 본질은 부실기업 문제가 아니라 사이비종교 문제라는 사실이다.

세월호 사건으로 인해 이단사이비 문제가 사회의 주요 관심사가 되었다. 위조지폐(이단)가 문제라고 해서, 화폐 제도(교회) 자체를 폐지할 수 없다. 오히려 화폐 제도의 강화를 통해 위조지폐 문제를 예방하고 대처할 수 있다. 각 시대의 이단은 동시대 교회가 보완해야 할 문제가 무엇인지를 명확하게 보여준다. 이제 교회가 또 다른 세월호 사건이 일어나지 않도록 예방과 대처에 관심을 가져야 한다.

무엇보다도 잊어서는 안 되는 것은, 세월호 희생자들과 그 가족들의 존재이다. 유병언의 죽음을 비롯해, 그 어떤 이슈들도 이 사건의 본질인 이들의 존재를 가려서는 안 된다. 유병언 일가와 측근들의 부정부패를 들춰내는 것도 전부는 아니다. 무엇보다도 사건 해결에 있어서 최우선적으로 고려해야 할 대상은 바로 피해자들과 그들의 가족들의 치유와 회복이다.

2014년 잔인한 사월과 답답하고 힘든 여름을 보내며, 아직도 거리의 고등학생들을 보면 사랑스럽고, 애틋하고, 미안하고, 고맙다. 그리고 우리 자식들을 볼 때마다 피해자 부모들이 느낄 상실감과 애통함을 생각하면 그저 할 말 없이 죄송하고 가슴이 먹먹하다.

구원파는 비성서적 이단

기독교는 하나님 말씀 중심의 신앙 공동체다. 우리는 하나님의 기록된 말씀인 성서의 내용을 가감할 수도, 변경할 수도 없다. 로마 제국이나 일제와 같은 강력한 세상 권력들이 하나님의 말씀 대신에 로마 황제 혹은 일본 천황을 따를 것을 강요했을 때, 기독교인들에게는 두 가지의 선택이 있었다. 하나는 순교이고 다른 하나는 배교였다. 신실한 믿음의 선진들은 순교로 그들의 신앙을 증언하고 하나님의 말씀을 수호했다.

또한 기독교는 신앙 고백을 통해 그들이 무엇을 믿는지를 세상을 향해 선언해 왔는데, 구원파의 주장처럼 단회적 회개로 끝나는 것이 아니라, 삶이 끝날 때까지 자유롭고 선한 양심으로 죄와 악과 싸워야 한다고 고백한다(하이델베르크 요리문답, 4.032). 또한 칭의와 성화에 대해, 예수 그리스도께서 성육신과 십자가의 죽음을 통해 우리 죄를 대속하신 것을 믿음으로 의롭다 함을 입고(칭의), 예수 그리스도의 죽음과 부활을 우리의 삶에 적용하면서 하나님을 닮아가고자 노력하는 것을 통해 거룩해져야 한다(성화)고 설명하면서, 칭의를 통해 죄가 사면되고 성화를 통해 죄가 억제된다고 고백한다(웨스트민스터 대요리문답, 7.180, 7.185, 7.187).

구원파는 예수가 직접 가르쳐 준 주기도문을 자신들의 교리와 다르다는 이유로 사용하지 않는 비성서적인 이단이다. 요즘 진짜 기독교인들은 가짜처럼 성서를 읽지 않고, 가짜 기독교인들은 진짜처럼 성서를 열심히 공부한다고 한다. 이단들의 거짓 교리를 분별하기 위해 하나님의 말씀 위에 든든히 서야 한다. 진리를 알아야 거짓을 분별할 수 있기 때문이다.

·

註

1. 현대종교,《구원파의 정체》(도서출판 현대종교, 2014), 11-17.
2. 앞의 책, 18-26.
3. 앞의 책, 52-53.
4. 앞의 책, 68-72.
5. 앞의 책, 83-85.
6. 세월호 관련 내용은 〈목회와 신학〉(2014. 7)에 게재된 "기독교 이단사이비, 교회가 결자해지해야 한다"를 정리한 것이다.

한국 기독교 이단의 역사는 세월호 사건 이전과
이후로 구분될 수 있다. 언론에서 사용이 금기시 되어
온 '이단' 그리고 '구원파'라는 용어가 보편적으로
사용되었다. '이단'은 부정적 가치 판단을 내재한 교
리적 용어이고, '구원파'는 기독교복음침례회가 아닌
기성 교회가 지칭하는 용어이기 때문에, 가치 중립적
인 용어 사용을 원칙으로 하는 언론에서 '이단' 혹은
'구원파'라는 단어가 보편적으로 등장했다는 점은 주
목할 만하다. 이단 문제가 교회의 교리적 문제를 넘
어, 사회적 문제를 야기할 수 있는 위험성이 내재되어
있다는 공감대가 형성된 것으로 볼 수 있다.

06

최근
이단들의
특징

성서를 자의적으로 해석하는 이단들

한국 이단들은 한국 사회의 불안정성과 불확실성을 자신들의 세력 확장을 위한 도구로 효과적으로 이용해 오고 있다. 특히 성서를 임의적으로 해석해 자신들의 존재와 활동에 대한 종교적 합리화를 시도하는 한편, 비성서적인 교리를 통해 교회의 정통 신앙에 혼란을 초래하고 있다.

이단들은 크게 다섯 가지 영역에서 자의적인 성서 해석을 시도하고 있다.[1] 먼저, 이단 지도자를 신격화하기 위해 성서를 이용한다. 둘째, 이단 지도자의 비성서적인 주장을 합리화하기 위해 성서를 이용한다. 셋째, 자신들의 주장이 허구가 아니라 현실화될 수 있다는 구체적인 근거를 제시하기 위해 성서를 이용한다. 넷째, 자신들의 사회적 영향력을 강화하기 위해 성서를 이용한다. 그리고 마지막으로, 자신들만이 참된 기독교이고 자신들만이 구원받을 수 있다는 배타적인 구원관을 강조하고 신도들을 효과적으로 통제할 수 있는 근거를 마련하기 위해 성서를 이용한다.

실제로 한국 이단들은 첫째, 자신들의 지도자가 바로 재림 그리스도 혹은 보혜사 성령인 것을 주장하고, 둘째, 자신들의 계시와 경전을 통해 불완전한 성서의 가르침이 완성될 수 있으며, 셋째, 오직 자신들에게 속한 144,000명만이 구원받고, 넷째, 자신들이 영향력을 갖는 지상 천국이 건설되며, 다섯째, 성서에서 말한 동방이 바로 한국이라는 대동소이한 주장을 한다.

가장 대표적인 한국 이단인 통일교도 이러한 특징을 전형적으로 보여 준다. 문선명은 자신을 '재림주', '메시아', '평화의 왕'이라고 주장하고, 비성서적인 《원리강론》을 참된 말씀이라고 주장하며, 한반도에 자신이 왕이 되는 지상 천국, 즉 통일교왕국을 건설하려고 한다. 그리고 이를 위해 정치, 사회, 경제, 문화 전 분야에 그 영향력 확대를 추진하고 있다. 이러한 특징들은 최근 가장 주목을 받고 있는 신천지교회와 하나님의교회의 사례에서도 그대로 드러난다.

재림 그리스도와 보혜사 성령은 한국인인가?

한국에는 수많은 자칭 재림 그리스도 혹은 보혜사 성령들이 있다. 과연 성서는 다시 오실 그리스도 혹은 보내심을 받은 보혜사가 한국인이라고 증언하고 있는가?

요한복음은 보혜사에 대해 "또 다른 보혜사"(14:16), "보혜사 곧 아버지께서 내 이름으로 보내실 성령"(14:26), "보혜사 곧 아버지께로부터 나오시는 진리의 성령"(15:26)이라고 설명한다. 즉 성서에 따르면 보혜사는 곧 예수이고 성령인 것이다.

하지만 신천지 이만희는 그 자신을 '보혜사'라고 주장한다. 그의 저서 《천국 비밀 계시》와 《천국 비밀 요한계시록의 실상》의 표지에는 저자가 각각 "증인 이만희 보혜사", "보혜사 이만희 저"라고 되어 있다.[2] 또한 이만희는 신천지 신도들에게 "이긴 자"(벧후 2:19)로 신격화되고 있다.

신천지는 예수가 구름을 타고 오시는 것이 아니라 육체를 입은 사명자에게 성령이 임하는 것을 의미한다고 주장한다. 즉 그 사명자가 이만희인 것이다. 《천국 비밀 계시록의 진상》은 초림주가 그랬던 것처럼 재림주도 구름이 아니라 성령으로 인간 육체 가운데 온다고 주장한다.[3]

하나님의교회도 설립자 안상홍을 "재림 그리스도", "하나님", "보혜사 성령"으로, 그리고 장길자를 "하늘 어머니", "하나님의 신부", "예루살렘 어머니"로 신격화한다.

안상홍은 요한계시록 14장 1절의 시온 산에 선 어린양이 자신이며 3-4장에 나오는 새 이름이 바로 안상홍을 의미한다고 주장한다. 하나님의교회는 안상홍의 이름으로 기도하고, 안상홍의 이름으로 침례를 준다. 그리고 요한계시록 19장 7절과 21장 9절의 신부, 곧 어린양의 아내가 바로 장길자이며, 갈라디아서 4장 26절의 "예루살렘은 자유자니 곧 우리 어머니"의 어머니가 바로 장길자라고 주장한다.

교주와 관련한 한국 이단의 특징이 있다. 첫째로, 교주들은 필요한 사회 교육과 신학 교육을 받지 못한 경우가 대부분이다. 아마도 이는 교주들의 창의적이고 자의적인 성서 해석이 가능한 이유일 수 있다. 둘째로, 이러한 교주를 따르는 핵심 신도들은 대부분 고학력 전문가들인 경우가 많다. 이들은 교주의 비성서적인 주장을 교리화하고 체계적인 교육 과정을 구축해 일반 신도들을 세뇌한다.

충분히 지적인 사람들이 이단에 쉽게 미혹당하는 이유가 있다. 자신이 선택한 이단에 대해 주변 지인들이 이단이라고 비판하면, 왜 이단인지를 조사하기보다 오히려 자신의 선택이 틀리지 않았다는 점을 강변하며, 자신이 선택한 이단 단체에 대해 논리적인 합리화를 시도한다. 저학력(uneducated) 교주와 고학력(well-educated) 핵심 신도들의 조합이 한국의 이단 단체들에게서 보편적으로 나타난다.

이단에 미혹되는 원인이 상식과 지적 수준과는 무관한 경우가 대부분이다. 이단 문제는 신앙의 문제이고 영적인 문제이다. 세상 지식이 아니라 영적인 눈을 떠서 바라봤을 때 이단의 본질과 위험성을 바로 볼 수 있다.

이단들의 계시와 경전은 불완전한 성서의 완성인가?

바울은 갈라디아서에서 "다른 복음은 없나니 다만 어떤 사람들이 너희를 교란하여 그리스도의 복음을 변하게 하려 함이라"(1:7)고 말하여 거짓 선지자와 미혹하는 자들을 경계하고 있다. 또한 자신이 전한 복음 외에 다른 복음을 전하면 저주를 받을 것이라고 반복해서 경고한다(1:8-9).

하지만 이단들은 성서보다 자신들의 교리를 더 중요하게 생각한다. 자신들의 교리가 불완전한 성서를 완성시킬 수 있는 유일한 천국 비밀이라고 주장한다. 모르몬교는《모르몬경》을 "예수 그리스도의 또 다른 언약"(Another Testament of Jesus Christ)이라고 믿고 있으며, 통일교는《원리강론》을 성서의 완벽한 해설서라고 주장한다.

신천지 이만희는 그의 저서《천국 비밀 계시》머리말에서 "이 책의 해설과 증거는 모세 때(신 29:4)에도 예수 초림 때에도(마 13:34-35) 밝히지 아니한 천국 비밀을 오늘날 드러내어 밝힌 것으로서 기독교 최고의 값진 내용의 책이다"라고 적고 있다. 즉 자신의 주장이 불완전한 성서를 완전하게 만드는 마지막 계시라는 주장이다. 그리고 한편으로는 자신의 주장이 얼마나 비성서적인지를 스스로 거리낌 없이 밝히고 있는 것이다. 이러한 비성서적 주장에 열광하는 이유가 궁금하다. 평범한 성서 말씀보다는 자극적인 비성서적 주장에 귀 기울이는 세상이 되었다.

신천지는 성서가 비유와 비사로 기록된 상징의 말씀이며, 특히 요한계시록은 미래에 일어날 일들에 대해 비유와 비사로 기록되어 있다고 주장한다. 또한《천국 비밀 계시록의 진상》에서는 마태복음 24장과 요한계시록만이 오늘날의 "새 언약"이라고 주장한다.[4]

하나님의교회도 다르지 않다. 안상홍의 저서《하나님의 비밀과 생명수의 샘》에 따르면, 자신들의 교리가 '새 언약'이고 성서는 '옛 언약'이라고 주장한다.[5] 안상홍은 새 언약이 옛 언약을 완성시킨다고 주장하며, 자신 책의 내용이 "하나님께서 마지막 남은 백성들에게 주시기 위하여 감추어 두신 하나님의 마지막 비밀"이라고 주장한다.[6]

게다가 하나님의교회가 발간한《신랑이 더디 오므로 다 졸며 잘새》에 따르면, 안식교로부터 나온 하나님의교회는 오류로 끝난 안식교의 1844년 종말론 주장에 기초해 종말을 주장한다. 모세가 십계명을 받은 후 168일 만에 성막을 완성했으므로, 1844년에 168을 더한 2012년이 세상의 '마지막 끝날'이라고 주장한다. 실제로 하나님의교회의 2012년 종말 주장으로 인한 피해가 미국에서도 발생했다.

이단들은 성서의 단순 지식을 가르치는 것이 아니라, 성서를 보는 비성서적인 눈을 가르친다. 즉 방법론을 가르치는 것이다. 이단 교리 체계가 마음에 한번 자리 잡게 되면, 아무리 성경을 읽고 설교를 들어도 이단 교리와 비교하게 되고 거부하게 되는 것이다. 이로 인해 이단에 미혹(programing)되는 것보다, 이단에서 회복(deprograming)되는 일이 더욱 힘든 일이 되게 된다. 이단에 미혹당한 후에 회복하는 일보다, 이단에 빠지지 않도록 예방하는 일이 중요한 이유가 바로 이것이다.

오직 144,000명만이 구원받는가?

요한계시록은 "인침을 받은 자들"(7:4), "시온 산에 어린양과 함께 선 자들"(14:1), "속량함을 받은 자들"(14:3)의 숫자가 144,000명이라고 기록하고 있다. 이단들이 신도들을 통제하기 위해 가장 많이 사용하고 있는 내용이다.

신천지는 자신들이 요한계시록에 나오는 "증거 장막"(15:5)이라고 주장한다. 그리고 자신들의 숫자가 144,000명에 이르면 자신들이 왕과 제사장이 되어 세상을 다스린다고 믿고 있다. 신천지가 비정상적인 포교 활동에 모든 것을 거는 이유가 여기에 있다. 하지만 이들의 숫자가 144,000명에 이를 날은 불가능해 보인다. 결국 이루어지지 않을 꿈으로 인해 수많은 가정들이 고통을 받고 있는 것이다.

신천지는 144,000명을 채우기 위한 포교(섭외) 활동에서 시간, 대상, 장소를 가리지 않는다. 이들의 포교 대상인 소위 '지인'은 이웃, 교인, 친척, 가족 등을 망라한다. 이들에게 모략(거짓말)을 써서 다가가라고 교육한다. 하나님의교회도 144,000명이라는 숫자를 문자적으로 받아들이며, 이들이 바로 하나님의교회에 속한 구원받은 자들이라고 해석한다.[7]

하지만 신천지 신도의 숫자가 144,000명에 못 미칠 것이 분명하니 거짓이고, 하나님의교회는 144,000명을 넘어 자신들의 숫자가 백만이라고 주장하고 있으니 이 또한 거짓인 것이 분명하다. 무엇보다도 소위 임박한 종말을 주장하는 신천지와 하나님의교회가 최근 부동산 가치가 높은 지역에 교회를 건축하기 위해 애를 쓰는 모습은 애처롭기만 하다.

그들만의 지상 천국은 이루어지는가?

최근 이단들은 그들의 핵심적인 교리는 변함없이 유지하면서, 효과적인 포교와 성장을 위해 친사회적인 이미지로의 변화를 시도하고 있다. 즉 소수 기독교인의 교리적 인정보다는, 다수 비기독교인의 공신력을 얻어 주변 사회와의 갈등을 약화시키고, 사회적 영향력은 강화하겠다는 전략으로 선회한 것이다. 이러한 현상은 신천지와 하나님의교회에서 두드러지게 나타난다.

과거 이단들의 일반적인 이미지는 가정을 파괴하거나, 사회 질서를 문란하게 했던 부정적인 모습이었지만, 최근 이단들은 오히려 가정의 가치를 옹호하거나, 친사회적인 활동에 적극적인 모습을 보여 주고 있다. 하지만 이들의 변함없는 목표는 자신들의 교주가 다스리는 이단 왕국을 세우는 것이다.

신천지도 '만남'이라는 사회봉사 조직을 이용하고 있으며, 하나님의교회도 적극적인 지역 사회봉사 활동을 통해 수많은 지방 자치 단체장 표창들과 대통령 표창을 받은 바 있다. 그래서 누군가 이들을 이단사이비 단체라고 비판하면 자신들이 받은 수많은 표창장들을 보여 주며 왜 자신들이 이단이냐고 반문한다.

신천지는 이미 한국 사회 전반에 각인되어 있는 부정적 이미지를 약화시키기 위해서 친정부 봉사 활동에 적극적으로 나서고 있다. 하나님의

교회의 사회봉사 활동도 지역 사회에서 이미 상당한 인지도를 가지고 있다. 양의 옷을 입고 우리 가운데 들어와 노략질하는 이리들(마 7:15), 곧 거짓 선지자들이 주님의 순결한 교회를 넘보고 있다.

동방은 한국인가?

신약 성서에서 '동방'에 대한 언급은 아기 예수 탄생을 축하하기 위해 온 박사들의 출신지를 설명하기 위해서(마 2:1-2, 9) 그리고 "동방에서 오는 왕들"(계 16:12)이라는 표현에서 사용된다.

하지만 한국의 이단 교주들은 성서에 나오는 동방이 바로 한국을 의미하며, 한국에 있는 자신이 바로 그 예언의 성취라고 주장한다. 문선명의 통일교와 박태선의 천부교도 동방을 한국으로 해석한다.

신천지는 구약 시대는 유치원 과정이고, 신약 시대는 중학교 과정이며, 현재의 계시록 시대는 대학 과정을 마치는 완전한 시대라고 주장한다. 이들은 신천지가 창립한 1984년에 예수의 초림 복음 시대가 끝났고, 신천지 예수교 증거 장막 시대가 도래했다고 주장한다. 이만희는《천국 비밀 계시록의 진상》에서 요한계시록에서 사도 요한이 편지한 곳이 한국이며, 한국에서도 일곱 금 촛대(1:20)가 있는 신천지에서 새 하늘 새 예루살렘이 시작된다고 주장한다.[8]

하나님의교회도 "예수 재림의 길을 예비할 선지자 엘리야"가 등장한 곳이 한국이며, 새 예루살렘의 장소도 한국이라고 주장한다. 안상홍은《하나님의 비밀과 생명수의 샘》에서 마태복음 24장 27절의 "번개가 동편에서 나서 서편까지 번쩍임같이 인자의 임함도 그러하리라"는 말씀을 인용해 "동편"이 바로 한국이라고 해석한다.[9] 그리고 이사야 46장 11절의 "내가 동쪽에서 사나운 날짐승을 부르며 먼 나라에서 나의 뜻을 이룰 사람을 부를 것이라"는 말씀을 요한계시록 7장 2절에 나오는 "하나님의 인을 가지고 해 돋는 데로부터 올라온 천사"로 해석하며 이 일이 일어날 곳이 바로 한국이라고 주장한다.[10] 문제는 동방 한국에서 한 명이 아닌 수많은 자칭 재림주들이 활동하고 있다는 사실이다.

한국 이단들의 애국심은 특별해 보인다. 재림주도 한국인이고, 지상 천국이 세워질 곳도 한국이며, 구원받을 144,000명의 대부분도 역시 한국인들이라고 주장한다. 이러한 비성서적인 주장은 사회적 불안정성과 불확실성을 특징으로 하는 근현대 한국 사회에서 적지 않은 영향을 끼쳐 왔다. 최근에는 소위 한국적 이단들이 한류 바람을 타고 성공적으로 세계화하고 있다.

현실적 교회, 종말론적 이단을 만나다!

'종말에 무관심한 현실적 교회'와 '현실을 망각한 종말론적 이단'이 공존하는 시대가 되었다. 성서적 종말론을 잊어버린 기독교가 세상에 집착하며 비판받는 동안, 비상식적인 이단들이 비성서적 종말론을 이용해 세상을 미혹하고 있다.[11]

이단 문제는 교회의 정체성 회복과 무관하지 않다. 교회다운 교회가 이단에 효과적으로 대처할 수 있다. 한국 교회에 대한 한국 사회의 부정적 인식은 이단 문제가 가장 큰 원인이라는 공신력 있는 설문 조사 결과도 발표되었다. 이단들은 자신들의 정체를 감추고 교회의 약점을 공격하면서, 자신들이 타락한 기성 교회의 대안이라고 주장하고 있다.

이단 발흥의 때는 교회 부흥의 때인 것을 신약 성서와 기독교 역사가 증언한다. 교회가 성장할 때 이단도 함께 발흥하며, 교회가 사회로부터 고립될 때 이단은 교회를 공격하며 그 세력을 확장한다. 한국 교회가 오늘처럼 양적으로 성장했던 적도 없었고, 한편 한국 이단이 지금처럼 국내외에서 공격적인 포교 활동을 진행하며 세력을 확장했던 적도 역시 없었다.

주님 오실 때까지 '종말론의 종말'은 없을 것처럼 보인다. 비성서적 종말론은 일제 강점기와 한국전쟁 등 한국 근현대사의 혼란기에는 어김없이 등장해 교회와 사회를 혼란하게 만들었다.

이단사이비 단체들에게서 나타나는 종말론은 두 가지 형태로 나타난다. 첫째는 시한부(時限附) 종말론이다. 임박한 종말의 때를 정해 놓고 "그날이 온다!"고 주장하며 신도들의 맹신(盲信)을 강요한다. 둘째는 조건부(條件附) 종말론이다. 144,000명 등의 조건을 설정해 놓고, "그날이 오면!" 자신들의 세상이 온다고 주장하며, 신도들의 맹종(盲從)을 강요한다.

특히 이러한 비성서적인 종말론은 자의적인 비성서적 해석에 근거한다. 최근 이단들은 성서의 내용을 가감(加減)하는 동시에, 성서를 자신들의 목적에 맞춰 임의대로 해석하는 경향을 보여 준다. 이들의 종말론적 교리는 창의적(創意的)인 것도 있고, 이것저것을 엮어 만든 조합형(調合型)도 있다. 혹은 돈을 노린 기업형(企業型) 사이비 종말론도 있다.

하나님의교회는 시한부 종말론을, 그리고 신천지는 전형적인 조건부 종말론의 형태를 보여 준다. 하나님의교회는 2012년이라는 시한을, 그리고 신천지는 144,000명이라는 신도수를 각각 종말의 때와 조건으로 보고 있다. 하지만 다행히(?) 하나님의교회가 주장했던 2012년 종말은 아무런 일 없이 지나갔고, 신천지가 주장하는 144,000명의 그날은 요원하기만 하다.

'현실을 망각한 종말론적 이단'도 문제이지만 '종말에 무관심한 현실적 교회'도 문제다. 이단들은 그 시대의 교회가 상실한 기독교의 본질을 비판하며, 주변 사회에 자신들을 대안으로 제시한다. 즉 기성 교회에 대한 비판이 팽배한 사회적 분위기는 이단 활동의 옥토(沃土)인 것이다.

교회는 종말론적이다. 성찬에 참여하는 우리들은, 그리스도의 희생을 기념하며, 우리들이 죽을 때까지 혹은 그리스도께서 다시 오실 때까지 예수님의 삶, 고난, 죽음, 부활, 재림의 약속을 전하기로 다짐한다. 건강한 성서적 종말론은 우리들로 하여금 세상의 빛과 소금의 역할을 하며 하루하루를 예수님처럼 생각하고, 예수님처럼 느끼고, 예수님처럼 말하고, 예수님처럼 살 수 있도록 해준다.

교회가 성서적 종말론을 망각하고 현실적 가치에 집착할 때, 비성서적인 이단들의 사이비 종말론이 득세하여 혹세무민(惑世誣民)할 것이다. 비기독교인들이 '착한 이단'과 '나쁜 교회' 중 하나를 선택해야 한다면, 과연 누구를 선택할까?

교회를 향한 한국 사회의 강도 높은 비판은 교회를 향한 사회의 높은 기대치를 반영한다. 하지만 교회가 스스로 개혁하지 못할 때, 교회는 중세교회처럼 개혁의 대상이 될 것이다. 이단에 승리할 수 있다는 확고한 믿음을 소유하고, 주어진 삶을 종말론적으로 살아 나아갈 때, 이웃과 하나님에게 사랑받는 참교회와 그리스도인이 될 수 있다.

·
註
1. 탁지일, "이단들의 비유 해석", 〈성서마당〉 (2010 가을) 참고.
2. 이만희, 《천국 비밀 계시》 (도서출판 신천지, 1998)와 《천국 비밀 요한계시록의 실상》 (도서출판 신천지, 2005).

3. 이만희, 《천국 비밀 계시록의 진상》 (도서출판 신천지, 1988), 40.

4. 앞의 책, 522.

5. 안상홍, 《하나님의 비밀과 생명수의 샘》 (하나님의교회 출판부, 1980), 211-229 참고.

6. 앞의 책, 서문.

7. 앞의 책, 56-57.

8. 이만희, 《천국 비밀 계시록의 진상》, 49-50.

9. 안상홍, 《하나님의 비밀과 생명수의 샘》, 145-149.

10. 앞의 책, 241.

11. 탁지일, "현실적 교회, 종말론적 이단을 만나다!", 〈교육교회〉 (2013. 12), 22-26.

리모델링하는 이단들

우리는 흔히 건물의 기본은 그대로 유지하고 건물의 겉이나 내부를 수리하는 것을 리모델링(remodeling)이라고 한다. 그런데 이러한 현상이 요즘 이단들에게도 나타나고 있다. 즉 핵심적인 교리는 변함없이 유지하면서 효과적인 포교와 이미지 변화를 위해 이단들이 스스로 리모델링을 시도하는 것이다.

2,000년대에 접어들면서 이러한 이단들의 자기 포장이 두드러지게 나타나고 있는데, 특히 최근 주목을 받고 있는 이단들에게 이러한 리모델링 현상이 나타나고 있다. 과거 이단들의 일반적인 이미지는 가정을 파괴하거나 사회 질서를 문란하게 했던 부정적인 모습이었다. 하지만 최근 이단들은 오히려 가정의 가치를 옹호하거나 친사회적인 활동에 적극적인 모습을 보여 주고 있다. 물론 주변 사회의 공신력을 얻기 위한 종교적 포석이

그 안에 감춰져 있다.

국내 기독교인의 비율은 약 25% 수준이다. 그나마 제주나 영남 지역의 경우에는 기독교인 비율이 10%에도 못 미치는 수준이다. 열 사람 중 단 한 사람만이 기독교인이라는 결론이다. 그렇다면 이단들에게는 한 사람의 기독교인에게 교리적 인정을 받는 것이 득이 될까, 아니면 아홉 사람의 비기독교인들의 공신력을 얻는 것이 그들에게 득이 될까? 대답은 자명하다.

바로 이러한 이유로 최근 이단들은 리모델링을 시도하고 있는 것이다. 기독교의 인정보다는, 다종교 사회인 한국 사회에서 건전한 신흥종교로 인정받기를 원하고 있는 것이 리모델링의 목적이다. 물론 그 최종 목적은 그들의 교주를 신격화하고 그들의 이단 왕국을 세우려는 것이다. 하지만 다행스러운 점은 이러한 인간 신격화와 배타적 구원관을 감추면 감출수록 이단들의 반그리스도적이고, 반교회적이라는 태생적 한계는 더욱 선명하게 드러나고 있다는 사실이다.

무엇보다도 가장 당황스러운 이단들의 리모델링 현상은 반사회적이었던 이단들이 사회의 공신력을 얻기 위한 수단으로 활발한 사회봉사 활동을 전개하는 것으로 나타난다. 예전에는 세상 사람들을 미혹하고 속이던 혹세무민(惑世誣民)의 이단들이 이제는 사회봉사 활동에 열심인 선량한 종교 단체의 모습으로 우리에게 다가오고 있다.

최근 한국 교회는 이기적이고 부정적인 이미지로 비추어지고 있다. 이러한 한국 교회 위기의 틈새를 이단들이 파고들고 있다. 최근 이단들은 활발한 사회봉사 활동을 통해 이미지 개선 효과와 양적 성장이라는 두 마리 토끼를 동시에 잡고 있는 것이다.

안타까운 사실은 다양한 종교들이 공존하는 한국 사회에서 세상의 빛과 소금의 역할을 감당하지 못하는 교회에 대한 냉소적인 시선들이 늘어나고 있다는 점이다. 그래서인지 사회봉사 활동을 통해 그들의 종교적인 목적을 달성하려는 이단들을 두둔하는 이상한 경향성이 한국 사회에 나타나고 있다. 더욱이 최근 이단들은 교회의 이단 규정을 별로 개의치 않는 듯 보인다. 왜냐하면 더 많은 사회의 비판들이 세상의 빛과 소금의 역할을 감당하지 못하는 교회를 향하고 있다는 사실을 잘 알고 있기 때문인지도 모른다. 최근 두각을 나타내는 신천지교회, 하나님의교회, 기쁜소식선교회, 통일교 등이 모두 사회봉사 활동을 전면에 내세우는 리모델링을 하고 있는 이유도 이 때문이라고 볼 수 있다. 또한 이단들의 공격적인 교회 침투는 이러한 자신감을 배경으로 하고 있다. 그렇기에 교회가 이단들보다 더 윤리적이고 순결한 모습으로 이웃을 섬기지 않는다면 한국 교회의 이단 대처는 이제 요원한 상황이 되었다.

종교적 다양성을 특징으로 하는 한국 사회는 이단과 정통의 문제를 단지 종교 간의 교리적 갈등 혹은 밥그릇 싸움으로만 바라보는 눈들이 많으며, 세상의 빛과 소금의 역할을 수행하지 못하는 정통보다는, 사회봉사에 열심인 이단에 대해 한국 사회가 더 호감을 가져가고 있다는 것도 부인할 수 없는 뼈아픈 현실이다.

이러한 이단들의 리모델링에 대처하는 유일한 대안은 정통 교회의 자기 개혁이다. 이단의 발흥과 교회의 개혁은 동전의 양면이라고 할 수 있다. 교회의 개혁 없이는, 이단들의 발흥에 대처할 수 없다. 개혁은 교회의 본질이다. 교회의 역사는 그리스도의 몸 된 교회가 개혁되고, 개혁하기를 멈추었을 때 항상 교회 안팎의 도전에 직면하게 된다는 것을 증언한다.

세계화하는 이단들

최근의 기현상은 한국이 이단 수입국에서 이단 수출국으로 변하고 있다는 사실이다. 한국 이단들이 한류 바람을 타고 성공적으로 세계화하고 있다. 그들만의 고립된 장소를 고집하던 한국 이단들이 이제는 세계로 선교하는 한국 교회의 뒤를 따라 선교지로 뛰어들고 있다. 비조직적이고 경쟁적인 한국 교회의 선교를 비웃기라도 하듯, 이단들은 조직력과 경제력을 바탕으로 국내외에서 그들의 세력을 확장해 나가고 있다. 통일교, 구원파, 만민중앙교회, 예수중심교회, 안상홍증인회는 아시아, 아프리카, 남미 등 한국 교회의 선교가 취약한 지역들에서 사회봉사 활동을 매개로 하여 그들의 영향력을 빠르게 확대해 나가고 있다.

물론 이들의 사회봉사 활동은 순수한 것이 아니라 그들의 종교적 목적을 달성하기 위한 것임을 분명히 알 수 있다. 하지만 저개발 국가의 구성원들은 우리처럼 이단과 정통에 관심이 있는 것이 아니라, 어느 단체가 자신들의 사회를 위한 순기능을 하고 있느냐에 관심을 둘 뿐이다. 이를 잘 알고 있는 한국 이단들은 세계 곳곳에서 사회봉사 활동을 내세워 해당 지역 사회에 침투하고 있다.

어려운 생활 형편에 처한 피선교지인들에게 정통이나 이단이라는 구분은 무의미할 뿐이며, 자신들에게 실질적인 도움을 주는 단체를 고마워한다는 사실을 이단들은 잘 알고 있다. 이들은 한국에서의 사회봉사 활동을 통한 포교 효과를 이미 경험했기 때문이다. 이단들은 이러한 방법을 사용하며 아프리카, 아시아, 남미에서 그들의 영향력을 확대해 나가고 있다. 이제 선교 현장의 이단들에게 효과적으로 대처하지 못하면 우리의 지역 선교와 세계 선교는 밑 빠진 독에 물 붓기일 뿐인 안타까운 상황이 되었다.

한국 이단들이 성공적으로 세계화하고 있다. 심지어 미국 동영상 전문 사이트인 유튜브(YouTube)에는 "비정상적인 한국 기독교인들의 예배"(Crazy Korean Christians Worship)라는 제목으로 이단 단체 예배 실황 동영상이 올라와 한국 교회를 망신시키기고 있다. 해방과 한국전쟁을 전후하여 많은 외국 이단들이 한국에 들어와 한국 교회와 사회를 혼란스럽게 했는데, 이제는 역으로 한국 이단들이 외국으로 활발하게 진출하는 현상이 일어나고 있다. 부끄럽게도 한국이 이단 수입국에서 이단 수출국으로 변모하고 있는 것이다.

특히 한국 교회의 선교가 다른 지역에 비해 상대적으로 취약한 동유럽, 남미, 아프리카에는 한국 이단들이 조직적으로 침투하고 있다. 그리고 한국 교회의 세계 선교가 활발하게 진행되고, 한국 이민 사회가 양적으로 성장하는 지역에서는 한국 이단들이 경제력과 조직력을 바탕으로 하여 그 영향력을 꾸준히 확대해 나가고 있다. 미국, 캐나다, 일본, 호주 등 한국 이민자들의 진출이 두드러진 나라들에는 최근 많은 문제를 야기하고 있는 신천지와 하나님의교회를 비롯한 한국 이단들이 적극적으로 진출하면서 포교 거점들을 만들고 있다. 최근 활발한 포교 활동을 벌이고 있는 기쁜소식선교회(박옥수)는 80여 개 국가에서 그리고 신천지와 하나님의교회는 각각 50여 개 국가에서 포교 활동을 하고 있다고 자신들의 홈페이지를 통해 주장하고 있다.

2006년 여름 몽골을 방문할 기회가 있었다. 몽골에도 많은 한국 이단들이 진출해 활동하고 있는 까닭에 몽골 현지 목회자들을 대상으로 이단 사이비에 관한 특강을 하기 위해 방문했다. 이 방문을 통해 해외로 진출하는 한국 이단들의 실상을 생생하게 목격할 수 있었다. 몽골에서도 한국 교회의 선교가 활발하게 진행되고 현지인 교회가 성장하는 지금, 한국 이단들의 활동도 곳곳에서 감지되고 있다.

한국 교회의 몽골 선교는 초기 한국 교회 선교의 장단점을 교훈으로 삼아 건강하고 바람직하게 진행되고 있다. 하지만 안타깝게도 몽골 교회의 이러한 성장기가 이단의 발흥기와 일치하고 있는 것을 확인할 수 있었다. 즉 한국 교회를 통한 몽골 선교가 많은 성과를 거두게 되자, 세계 교회의 많은 이단 단체들이 몽골에 포교를 적극적으로 추진해 오고 있다. 라마불교와 샤머니즘이 주류인 몽골의 종교 상황에서 정통 기독교와 이단을 구분하는 일은 쉽지가 않다. 몽골인들 눈에는 국외에서 들어온 다양한 기독교로 보일 뿐이며, 이단들은 또한 이러한 점을 십분 활용하고 있다.

여호와의증인은 러시아를 통해 기독교로 위장하여 포교를 추진해 오고 있으며, 모르몬교는 개방 초기부터 몽골 교육부를 통해 인적 교류 및 도서 기증 등의 활발한 활동을 펼쳐 오고 있다. 몽골 정부의 출산 장려 정책으로 인해 반 이상의 인구가 청년층인 것을 감안하면, 모르몬교의 교육을 통한 포교 활동이 효과적일 수 있다는 사실에 주목하게 된다. 안식교도 미국으로부터 한인 교포 2세가 들어와 활발히 포교 활동을 하고 있다. 모르몬교와 안식교의 가정 중심의 윤리적인 삶의 강조는, 성 개방 풍조가 만연하고, 술과 실업 문제에 빠진 몽골 사회에 호소력 있게 다가갈 가능성이 있다.

물론 한국 교회의 대표적인 이단들도 몽골에서 활발히 활동 중이다. 1991년에는 다미선교회가 활동했고, 1992년 종말론 소동 이후로는 자취를 감추었다. 통일교는 일본을 통해 들어와 막강한 재력을 바탕으로 포교 활동을 하고 있으며, 몽골에서는 그들의 공식 명칭인 '세계평화통일가정연합'으로 알려져 있다. 그 밖에도 하나님의교회 세계복음선교협회(안상홍증인회), 예수중심교회(이초석), 만민중앙교회(이재록) 등이 활발하게 활동하고 있다.

통일교는, 브라질의 자르징과 한국의 경기도 가평과 여수의 경우에서 보여 주는 것처럼, 이곳 몽골에서도 부동산 매입을 통해 《원리강론》의 최종 예언인 문선명이 메시아로 선포되는 그들만의 지상 천국 건설에 열을 올리고 있다. 몽골 울란바토르(Ulan Bator) 시외버스 터미널 부근의 땅의 매입을 시작으로 몽골에 그들만의 성지 건설을 추진해 나가고 있다.

하나님의교회는 한국에서처럼 사회봉사 활동을 적극적으로 하면서 몽골 사회에 접근하고 있다. 지역 언론에도 그들의 활동이 긍정적으로 보도되기도 했다. 경제적으로 열악한 몽골인들은 이단인지 정통인지가 문제가 아니라 누가 자신들의 사회에서 순기능을 하고 있는지에 관심을 기울일 뿐이다. 그래서 하나님의교회는 2003년 대구유니버시아드대회에서는 몽골 팀에게 유니폼을 선물하면서 이러한 관계를 이어 가고 있다.

예수중심교회(이초석)은 울란바토르로부터 테렐지국립공원으로 가는 길옆에 마을을 형성해 놓았다. 나사렛빌리지라는 이름의 이곳은 넓은 울타리가 쳐져 있는 작은 마을로서, 몽골 전통 가옥인 게르(ger)가 여러 채가 있고, 중앙에는 파란색을 선호하는 몽골인들에게 맞는 하늘색 십자가가 세워져 있다. 이곳에서 몽골인들의 필요를 충족해 주면서 마음껏 이단 교리를 가르치고 있다.

감사하게도 '이단사이비 대책 몽골 목회자 세미나'에 참석한 몽골 교회 지도자들의 초롱초롱한 눈빛을 통해 몽골 교회의 밝은 앞날을 볼 수 있었다. 부디 몽골에서의 한국 이단들의 발호가 몽골의 기독교인들에게 주님께서 주시는 몽골 교회 성장을 위한 '신앙의 훈련 과정'으로 자리매김하기를 소망하며, 이를 위한 한국 교회의 기도와 지원이 절실함을 느낀다. 또한 한국 교회의 세계 선교를 위해 그리고 세계적으로 활동하는 한국산 이단사이비 단체들에 효과적으로 대처하기 위해 한국 교회가 앞장서는 글로벌 이단 대처 네트워크의 건설이 시급하다.

동유럽의 C국에서 사역하는 선교사를 만난 적이 있다. 그의 사역지에서도 하나님의교회 등 이단들의 활동이 활발하다고 염려했다. 한국을 떠날 때에는 선교에 대한 열정만을 가지고 떠날 수 있었지만, 선교지에서는 이단 대처를 위한 영적 무장이 필요하다는 것을 절실히 느꼈다고 고백했다. 아프리카의 M국에서 사역하는 선교사는 그곳에서 활동하는 한국 이단으로 인해 온 가족이 겪은 어려움을 전해 주면서 공동 대처의 필요성을 강조했다. 이제 이단 대처 없는 세계 선교는 밑 빠진 독에 물 붓기가 될 수 있는 지경에 이르렀다.

한국 이단들이 발흥한 곳은 한국이지만 이제는 세계 곳곳에서 교회와 사회를 영적으로 어지럽히고 있다. 전 세계적으로 활동하는 이단들에 대한 대처가 쉽지 않다. 우리가 할 수 있는 최선의 대처 방법은 해외에서 활동하는 한국 이단들에 대한 정보와 효과적인 대처 방안의 지혜를 공유하는 것이다. 이단 대처 활동을 하고 있는 공신력 있는 단체들이 운영하는 사이버 공간을 통해 이루어지는 글로벌 이단 대처 네트워크의 건설이 그 어느 때보다 시급히 요구되고 있다.

무엇보다도 가장 당황스러운 이단들의 리모델링 현상은 **반사회적이었던 이단**들이 사회의 공신력을 얻기 위한 수단으로 활발한 사회봉사 활동을 전개하는 것으로 나타난다.

최근 한국 교회는 이기적이고 부정적인 이미지로 비추어지고 있다. 이러한 **한국 교회 위기**의 틈새를 이단들이 파고들고 있다. 최근 이단들은 활발한 사회봉사 활동을 통해 이미지 개선 효과와 양적 성장이라는 두 마리 토끼를 동시에 잡고 있는 것이다.

07

디지털 시대와
이단

다음 세대와 이단

디지털 시대를 살아가는 다음 세대가 위험하다. 이단들은 다음 세대 어린이들과 청소년들을 미혹하기 위해 다양한 활동을 펼치고 있다. 한국 교회는 때때로 다음 세대의 이유 있는 주장을 순종과 불순종의 잣대로 바라보는 경향이 있다. 하지만 이단사이비 단체들은 다음 세대의 중요성을 인지하고 적극적인 미혹의 손길을 내밀고 있다. 중고등학생과 대학생 시기에 미혹해, 사회인이 되면 빠져나올 수 없는 덫을 씌운다. 최근 주목받는 이단 단체들은 예외 없이 어린이와 청소년 및 청년 대학생들에게 관심을 집중하고 있다. 다음 세대는 한국 교회의 미래이고 소망이다. 이들을 지켜 내지 못하면 한국 교회의 미래도 없다.

조기 교육부터 시작한다!

요람부터 무덤까지 이단들의 미혹은 멈추지 않고 있다.[1] 하나님의교회가 운영하는 샛별선교원은 조기 교육에 관심 있는 학부모들과 자녀들을 미혹하고 있다. 1985년에 사망한 설립자 안상홍을 '재림 그리스도', '하나님'으로 믿고, 그 뒤를 이은 장길자를 '하늘 어머니', '어머니 하나님'으로 신격화하는 이들의 비성서적 교리 교육은 샛별선교원에 속한 유아들로부터 시작된다.

샛별선교원에서 가르치는 〈하나님의 은혜〉라는 제목의 노래는 "십자가 세우지 마세요. 일요일도 거짓말이에요. 우리는 이 세상 교회 없는 어머니도 있죠. 우리의 구원자 안상홍 님도 계신답니다. 안!상!홍!님! 믿어야 하늘나라에 가죠"라는 가사를 담고 있다. 〈나는 알아요〉라는 노래는 "나는 알아요 우리 하나님 안상홍 님. 나는 알아요 우리 하나님 어머니. 안상홍 님 어머니 생명수를 주셔서 영원한 천국으로 데려가 주신대요"라는 내용이다.

학부모들은 교육 기관의 건전성을 생각하기보다는, 교육 시설과 교육 효과만을 기준으로 자녀들의 조기 교육 환경을 결정한다. 안상홍과 장길자를 신격화하는 단체임에도 불구하고, 최상의 조기 교육 환경이 학부모들의 눈을 멀게 하고 있다.

영어 교육 열풍에 편승한다!

우리는 한국 사회의 공용어가 한국어인지 영어인지 혼란스러운 분위기에 살고 있다. 유창한 영어 억양만 가지고 있어도 주목받는 사회가 되었다. 학부모들은 자녀들이 국어를 못하는 것은 참아도, 영어를 못하는 것은 염려

하며 받아들이기 힘들어한다. 이로 인해 영어는 이단들의 미혹의 효과적인 도구가 되고 있다. 특히 미국계 이단들인 안식교와 모르몬교는 영어권 신도들을 통한 원어민 교육으로 미혹하고 있다.

삼육초중고와 대학교를 운영하는 안식교는 영어 교육을 강조하며, 원어민 수업과 여름 영어 캠프를 통해 접근한다. 특히 안식교가 운영하는 SDA학원의 영어 교육은 널리 알려져 있다. 또한 모르몬교는 한국어가 유창한 젊은 선교사들을 통해 무료로 영어를 가르쳐 준다고 접근한다. 친절한 미국인들과의 영어 공부는 값비싼 사교육비를 감당하기 어려운 학부모들과 자녀들에게 거절할 수 없는 매력으로 다가온다. 게다가 이들은 미국의 관련 대학교들로 유학을 주선하고 있다.

젊은 기독교인 부모들이 간혹 문의를 해 온다. 자신의 자녀들이 모르몬교 선교사들에게 영어만 배우면 어떠냐는 질문이다. 하지만 분명한 것은, 세상에서 무료로 주어지는 것은 예수 그리스도의 은혜뿐이라는 사실이다. 무료 영어 교육의 발걸음을 내딛는 순간 모르몬교의 영향을 받기 시작한다.

국내 거의 모든 대학교에서 활동하고 있는 박옥수의 기쁜소식선교회 IYF는 매년 영어 캠프를 운영하고 있다. 주로 초등학교 3-6학년들을 중심으로 영어 노래와 영어 발음 등을 교육하며, 정기적으로 영어 말하기 대회를 개최한다. 이들 영어 교육과 문화 행사가 끝나면 자연스럽게 구원과 교리 교육이 진행된다. IYF는 매년 월드캠프를 세계 여러 나라에서 진행하고 있는데, 어린이들을 위한 월드캠프도 개최하면서 외국 어린이들을 신도들 자녀들과 함께 어울리게 하고 한국의 명소들을 관광하기도 한다. 물론 자신들의 교리 교육은 결코 잊지 않는다.

특성화 교육으로 유혹한다!

특수 목적 중고등학교에 자신들의 자녀를 보내는 것이 많은 학부모들의 희망이 되고 있다. 통일교는 선화예술중고등학교와 청심국제중고등학교를 운영하고 있다. 선화예술중고등학교의 공연단은 통일교를 알리는 최고의 예술단으로 국내외에서 활동하고 있으며, 청심국제중고등학교에는 수많은 인재들이 몰리는 교육 기관으로 자리 잡았다.

청심국제중고등학교의 입시 설명회에 수많은 학부모들이 몰리는데, 이들 중에는 기독교인들도 적지 않다. 국사와 국어를 제외한 수업들이 영어로 진행될 만큼 수준 높은 교육이 이루어진다. 매주 세계 종교 교육을 빙자한 통일교 관련 교육이 정기적으로 있는 것도, 학부모들의 교육열에 전혀 방해가 되지 않는다. 행정 직원들과 교사들도 통일교 신도들이 많고, 문선명의 자서전을 읽고 독후감을 쓰게 하는 등 통일교 가치관 형성이 교육을 통해 이루어지고 있는 것을 볼 수 있다.

1960-1970년대 통일교에 빠진 미국 청소년들은 통일교의 학자금 지원으로 유수한 대학교를 나와 전문가로 성장했으며, 현재 통일교의 핵심 신도로서 중요한 역할을 수행하고 있다. 이처럼 통일교 소유의 교육 기관에서 통일교의 전폭적인 지원을 받고 성장한 청소년들이 통일교에 대해 부정적으로 사고하거나 비판하기는 어렵다. 우수한 청소년들이 이미 비판적이든 간접적이든 통일교 지지층이 되는 것이다. 자녀들을 이곳에 보낸 학부모들은 종교와 교육은 무관하다고 항변하지만, 하지만 이들 어린이들과 청소년들이 통일교의 영향을 받지 않는다고 확신할 수 없다.

박옥수 구원파의 IYF도 국내 각지에서 링컨하우스스쿨이라는 대안학교를 운영하며 공교육의 사각지대에 놓인 어린이와 청소년들을 향해 미혹의 손짓을 보내고 있다. 이들은 경쟁력 있는 교육 조건을 만들어 놓고 한국 사회와 교회의 다음 세대 지도자들인 어린이와 청소년들을 교육하고 있는 것이다. IYF의 경우 어린이, 청소년, 청년 대학생에 이르기까지 체계적인 교육 과정을 갖추어 놓고 다음 세대를 유혹하고 있다.

사회봉사 점수로 미혹한다!

최근 입학사정관제도가 그 적용의 폭을 넓혀 가고 있다. 공부도 잘해야 하지만, 지속적인 관련 분야 사회봉사 활동도 당락의 중요한 변수로 자리 잡고 있다. 이러한 현실을 잘 알고 있는 이단들은 사회봉사 활동 프로그램으로 다음 세대를 유혹하고 있다.

하나님의교회, 신천지, 통일교, 구원파 IYF, JMS 등 거의 모든 단체들이 사회봉사 활동 프로그램을 운영하고 있다. 하나님의 교회는 국내 손꼽히는 사회봉사 활동 조직을 운영하고 있고, 신천지도 외곽 위장 단체들을 통해 사회봉사 활동을 시도하고 있으며, 통일교와 구원파 IYF도 사회봉사 활동에 많은 관심을 보이고 있다.

특히 위장 단체들을 이용해 어린이와 청소년을 미혹하는 JMS는 설립자 정명석이 성추행 등의 혐의로 감옥에 있는데도 불구하고 활동을 멈추지 않고 있다. 이들은 CGM 자원봉사단을 운영하면서 중고등학생들에게 사회봉사 활동의 기회를 주고, 이를 계기로 정명석의 고향 생가가 있는 충청남도 금산 월명동에서 개최되는 수련회에 데리고 간다. 이렇게 미혹된 청소년들은 대학가의 JMS 조직으로 자연스럽게 연결된다.

공교육을 거부한다!

조기 교육, 영어 교육, 특성화 교육 등으로 다음 세대를 미혹하는 이단들도 문제지만, 공교육 자체를 거부하는 이단 문제도 심각하다. 여호와의증인은 공교육을 등한시하는 대신, 정기적인 교리 교육은 거르지 않는다. 여호와의증인 신도인 부모의 손에 이끌려 왕국 회관에 온 자녀들은 선택의 여지없이 교리 교육에 참여하게 된다.

이러한 공교육의 거부는 여호와의증인에 속한 어린이들과 청소년들에게는 어쩔 수 없는 선택이다. 왜냐하면 만약 공교육을 받게 되면, 여호와의증인이 교리적으로 허용하지 않는 국민의례 등에 참여해야 하기 때문이다. 이는 집총 거부에 이어 마침내 병역 기피로 이어지고, 이로써 정상적인 사회생활이 어려워지게 된다. 결국 여호와의증인에 속한 어린이들과 청소년들은 사회의 주변인으로서의 삶이라는 피할 수 없는 운명을 받아들일 수밖에 없게 된다.

교리를 앞세운 여호와의증인의 공교육 거부는, 피교육자로서의 어린이들과 청소년들이 건강하게 자라며, 교육받고, 행복해야 하는 어린이들과 청소년들의 권리를 박탈하는 행위다. 우리나라의 특성상 교육과 병역 분야에서의 긴장과 갈등은, 공권력을 사탄의 세력으로 바라보는 여호와의증인에 속한 어린이들과 청소년들을 사회의 영원한 주변인들로 만들고 있다.

인터넷에 미혹의 덫을 놓는다!

요즘 어린이들과 청소년들은 인터넷을 통한 온라인 교육에 익숙해져 있다. 디지털 세상에서 스마트한 아이들이 스마트한 도구들을 사용해 스마트한 교육을 받고 있다. 문제는 사이버 공간에는 건전한 온라인 교육 공간만 있는 것이 아니라, 순수한 어린 영혼들을 파괴할 수 있는 불건전한 내용들과 게임들도 있고, 이들의 방문을 기다리는 이단들이 설치해 놓은 미혹의 덫들이 곳곳에 도사리고 있다. 신천지와 하나님의교회에서 제작한 동영상들이 셀 수 없이 정보의 바다에 흘러 다니고 있다.

이단들은 스마트한 디지털 세대들의 문화 코드에 맞는 각종 소셜 네트워크를 구축해 놓고 어린이들과 청소년들을 기다리고 있다. 수준 높은 음악, 동영상, 만화들을 게시해 놓은 화면 한편에는 어김없이 이단 교주들의 주장들이 게시되어 있다. 이단들은 온라인 공간의 만남을 오프라인으로 이어 가며 교세를 확장해 나가고 있다.

온라인 특성상 미혹의 손길은 국내를 넘어 해외 교포 자녀들에게도 다가가고 있다. 수많은 한국 이단들이 세계화하면서 해외 교민 사회에서도 이단 문제가 악영향을 주고 있다. 이단들의 글로벌 네트워크가 형성된 것이다. 한국 교회의 이단 대처를 위한 대안적 네트워크의 구축과 운영이 필요한 시점이다. 성인도 이해하기 힘든 교리적 설명보다는, 어린이와 청소년들의 눈높이에 맞는 이단 교육 프로그램이 필요하다.

선물에 약한 동심을 뒤흔든다!

이단의 미혹은 학교 앞도 예외가 아니다. 교문 앞에서 어린이들이 좋아하는 선물을 가지고 어린 동심을 뒤흔들고 있다. 천부교(박태선 전도관)의 어린이 대상 포교 활동에 대한 아래의 제보 내용을 통해 이단들이 어떻게 어린 동심에 파고드는지 볼 수 있다.

목요일이나 금요일이면 약 45세 가량의 여성이 손수 노란색 승합 차

량을 타고 와 여자 초등학생들에게 교회 행사에 가자고 미혹합니다. 선물을 주면서 아이들에게 접근합니다. 차량에 아이들이 많이 타면 인근 주택가에 위치한 천부교 모임 장소로 데리고 갑니다. 이들은 주로 여자 초등학생들이나 여중생들에게 접근합니다. 제가 아이들에게 부모님들이 그곳에 가는 것을 알고 있냐고 묻자, 부모님들은 그곳이 평범한 교회로 알고 있기 때문에 가는 것을 막지 않는다고 대답합니다. 심지어는 주일 학교에 다니는 아이들도 선물을 받기 위해 천부교에 가기도 하는 것이 안타깝기만 합니다.[2]

청소년이 위험하다!

월간 〈현대종교〉가 2014년 실시한 "고등학생 이단 인식 실태 조사"에 따르면, 청소년들이 이단들의 미혹에 무방비로 노출되어 있는 것을 알 수 있다.[3] 총 11개 주요 교단에 소속한 교회 청소년 629명을 대상으로 조사한 설문에서, 청소년들은 주로, 길거리에서 전도지나 설문지를 나눠 주는 이단(284명), 집에 찾아오는 이단(191명), 목회자를 사칭하는 이단(135명) 등에 대한 직간접적인 경험을 통해 가장 많이 인지하고 있으며, 알고 있는 이단 단체들로는 신천지(301명), 통일교(242명), 여호와의증인(222명), 하나님의 교회(211명) 등의 순으로 답변했다. 이는 언론이나 포교 활동 등을 통해 노출빈도가 높은 이단들이 청소년들에게도 잘 알려져 있는 것을 알 수 있다.

특히 청소년들의 대부분이 교회를 통해서(300명) 혹은 주변 어른들을 통해서(268명) 이단에 대한 정보를 얻고 있다고 답변한 것을 고려할 때, 교회와 가정에서의 이단 교육의 중요성에 관심을 둘 필요가 있다. 교회에서 설교, 성경 공부, 광고 등을 통해 지속적인 이단 경계를 강조하고, 가정에서 자녀들에게 이단들의 포교 방법에 틈틈이 교육한다면, 청소년들이 이단에 미혹되는 것을 상당 부분 예방할 수 있다. 주보에 게재하는 이단 예방 한줄 광고의 위력은 생각보다 효과적이다.

대학가 이단 대처가 중요하다!

대학 캠퍼스 사역자들은 대학 캠퍼스를 이단들과의 영적 전쟁터라고 부른다. 이단들은 특히 신입생들을 노린다. 한국 교회는 이들 신입생들을 미혹하는 이단사이비 단체들에 대한 간략하지만 정확한 정보를 제공하는 한편 적극적인 대학가 이단 대처에 힘을 쏟아야 한다. 적어도 대학가를 중심으로 어떤 이단사이비 단체들이 활동하고 있는지 그들의 이름이라도 알려주는 노력이 필요하다. 대부분의 대학가 이단 피해는 대학 신입생에게 집중적으로 일어나고 있다. 학년이 올라가면서 이단에 빠질 확률은 줄어든다. 한국 교회가 이들 신입생들의 영적 지킴이로 나서서야 할 때다.

신천지의 경우 대학의 실내 체육관 등의 시설을 임대해 진로, 취업, 연애 등에 관한 집회를 개최한다. 자신들의 학교에서 열리는 행사이기에 아무런 의심 없이 새내기들이 참여하면 이름과 연락처를 받고, 대학 생활 내내 미혹의 손길을 뻗친다. 대학의 강의실에서도 작은 규모의 모임을 개최하고 이를 핸드폰 문자를 통해 홍보한다. 캠퍼스 곳곳에서 신천지 미혹이 이루어지고 있다.

정명석이 구속되어 있는 상황에서도 캠퍼스 내 JMS 신도들의 활동은 활발하다. 캠퍼스 내에서 정기적인 식사 모임을 갖는다. 잘 차려진 식탁으로 학생들을 초대하고, 교제를 통해 관계를 형성하고, 천천히 교리 교육을 시작한다. 교리 교육이 아니라 관계 형성으로 인해 JMS를 나오지 못하는 대학생들이 적지 않다.

대학 새내기는 이단들의 집중 미혹 대상이다. 한국 교회의 고등부 사역자들은 연말의 고등부 졸업 예배로 자신들의 사역을 마감하지 말고, 대학에서의 새내기 기간을 영적으로 안전하게 보낼 수 있도록 도와주어야 한다. 이단 동아리에 빠지는 일이 없도록 문자로, 이메일로, 전화로 최소한 1년 동안은 자주 심방해야 한다. 즉 고등부를 3+1 시스템으로 개편할 필요가 있다. 고등부 교육 3년 이후에, 대학 신입생들에 대한 1년간 영적 애프터서비스만으로도 한국 교회의 다음 세대 지도자들을 효과적으로 지켜낼 수 있다.

註

1. 탁지일, "차세대를 미혹하는 이단들", 〈목회와 신학〉 (2011. 4) 참고.
2. 월간 〈현대종교〉에 보내온 독자 제보 (2011. 4), 189.
3. 김정수, "고등학생 이단 인식 실태 조사", 〈현대종교〉 (2014. 3), 8-16.

소셜 네트워크와 이단

최근 한국 이단들이 디지털 세상을 효과적으로 공략하고 있다. 이단들의 온라인 네트워크가 광범위하게 형성되어 미혹의 그늘을 드리우고 있다. 온라인에서 불특정 다수의 관계 형성을 통해 정보와 이익을 공유하는 소셜 네트워크 서비스(SNS)는, 2,000여 년 전 모든 길이 로마로 통했던 것처럼, 현대인을 사이버 제국으로 이끄는 무형의 권력자가 되고 있다. 2011년 현재 트위터 이용자는 1억 7,500만 명이고, 페이스북 이용자는 6억 명, 유튜브에는 하루에 20억 개의 동영상이 올라오고, 페이스북에는 1년에 360억 개의 사진이 게시된다.[1]

최근 주목받으며 성장하는 한국 이단들은 디지털 세상에서 스스로를 업그레이드하며 진화하고 있다. 이들은 한국 사회의 문화 코드(culture code)를 파악하는 동시에 부정적인 교회의 모습을 부각시키며 자신들의 정당성을 확보하고, 이를 통해 자신들만의 이단 코드(cult code)를 생성해 나가고 있다. 특히 소셜 네트워크는 이러한 이단 코드 형성과 확산의 주요한 공간이 되고 있다.[2]

오디오-비주얼로 접근한다!

소셜 네트워킹에서 오디오-비주얼의 역할은 중요하다. 음악은 소셜 네트워크의 감성과 연대 의식 공유에 영향을 준다. 특히 다음 세대의 음악에 대한 관심은 절대적이다. 이단 관련 인터넷 사이트들은 자신들만의 네트워크를 구축한 후, 인기 있는 최신 찬양들을 자신들의 사이버 공간에 올려놓고 기독 청소년과 청년 대학생들의 방문을 기다리고 있다. 청소년들의 문화 코드에 익숙한 JMS와 IYF의 이러한 소셜 네트워크 활동이 두드러진다. 찬양이 좋아 무작정 접근했을 때, 자신도 모르는 사이에 이단들의 교리 교육과 미혹에 노출된다.

신천지는 인기 아이돌 그룹들의 노래와 춤을 이용해 자신들의 교리 교육 집회를 포교하는 플래시몹(flash mob)을 촬영한 동영상을 자신들의 네트워크를 통해 광범위하게 유포하고 있다. 이들은 강남 로데오 거리에서의 플래시몹을 동영상으로 제작해 자신들의 집회를 홍보하는 데 사용했는데, 일반인들이 쉽게 호감을 가질 수 있도록 만들었다.

한편 이단 단체들이 제작한 CD나 DVD 찬양들이 일반 서점은 물론이고 기독교 서점에서도 버젓이 전시되어 팔리고 있는 실정이다. 통일교(www.truebooks.net), 기쁜소식선교회(www.goodnewsbook.co.kr) 등은 자체 온라인 서점을 운영하고 있다. 게다가 인터넷 서점에서 판매하는 이단 서적들에는 책 구입을 유도하는 긍정적인 서평들이 게시되어 있어, 제목만을 보고 별다른 의심 없이 이단 서적들을 건전한 신앙 서적으로 오인해 구입할 수 있는 위험이 도사리고 있다.

스마트폰으로 스마트하게 미혹한다!

스마트폰의 대중화도 이단들의 포교에도 영향을 쥬고 있다. 이단들은 스마트폰을 이용해 외적으로는 포교 활동의 도구로 활용하는 한편, 내적으로는 신도들의 정보 공유와 결속력 강화에 활용하고 있다.

통일교 방송국 피스TV(www.ipeacetv.com)는 소위 모바일 피스폰(peacephone)을 이용해 통일교 관련 뉴스와 행사들을 볼 수 있도록 하고, 문선명과 한학자의 사진을 배경 화면으로 제공하기도 했다. 만민중앙교회도 만민TV(www.manmintv.co.kr)와 스마트폰을 통해 이재록의 설교 동영상과 교회 소식을 공유하고, 심지어 사용 확대를 위해 휴대폰을 무료로 제공하기도 한다.

이제는 정기적으로 집회에 참석하지 않더라도, 언제 어디서나 이단들의 소통이 가능한 시대가 되었다. 디지털 시대, 이단들의 미혹은 가가호호 방문을 넘어 이제는 때와 장소를 가리지 않고 있다.

이단 조직 관리와 통제에 사용한다!

이단들의 소셜 네트워크는 포교뿐만 아니라 내부 신도들의 관리와 통제에 효과적으로 사용되고 있다. 통일교의 가디즘(www.godism.co.kr)은《원리강론》동영상 강의를 제공하면서 통일교 홍보에 집중하고 있다. 최근에는 통일교 후계자 결정에 대한 문제가 발생했을 때, 문선명과 한학자의 사적인 대화가 담긴 동영상이 의도적으로 유출되어, 통일교 신도들에게 후계 구도에 대한 소위 참부모의 의중이 무엇인지를 신속하게 전달하고 내부 갈등을 봉합하는 데 사용됐다.

JMS는 만남과 대화(www.hananim.or.kr)를 개설해 놓고, 자신들의 정체를 감추고 교묘하고 세련되게 JMS를 포교하고 있다. 때로 이단들은 자신들의 홈페이지에 건전하고 공신력 있는 기독교 언론 사이트들을 연동해 놓고 자신들의 정체를 위장하기도 한다.

기쁜소식선교회의 IYF는 '작은 별들의 세계 여행'이라는 IYF 카페(cafe.naver.com/iyfcafe)를 개설해 조직을 통합적으로 관리하고 있다. 이들은 "산발적으로 흩어져 있던 IYF 관련 카페나 클럽들을 한곳으로 통합하여, 대외적으로 IYF 학생들이 가진 전 세계의 정보들을 보여 주고 IYF를 홍보하는 역할을 할 것이다"라고 그 의도를 밝히고 있다. 이를 통해 세계 각국 IYF 활동을 소개하고, 간단한 언어 교육도 제공하면서 국내뿐만 아니라 국외적인 차원에서의 네트워킹을 시도하고 있다.

신천지도 자신들의 교리 강의 및 집회 동영상 등을 신천지 네트워크를 통해 사이버 공간에서 조직적으로 유포하면서 신도 통제 및 교육을 위해 사용하고 있다.

장애인을 미혹한다!

장애인들이 이단 미혹의 또 다른 사각지대에 놓여 있다는 우려가 제기되고 있다. 시각 장애인들의 경우 신앙 성숙에 도움이 될 수 있는 건전한 기독교 소셜 네트워크를 이용하는 데 많은 제한이 있다. 더욱 큰 문제는, 이런 형편을 악용해 여러 이단 단체들이 자신들의 교리와 주장을 시각 장애인 네트워크에 올려놓고 미혹하고 있다는 사실이다.

시각 장애인의 경우 전용 인터넷 사이트에 올라와 있는 기독교 자료들을 다운로드 받아 시각 장애인용 컴퓨터를 이용해 음성으로 변환해 듣게 되는데, 이로 인해 본인의 의지와 관계없이 이단 교리를 듣게 되는 경우가 있다. 시각 장애를 갖고 있는 기독교인들이 주로 이용하는 인터넷 사이트들에는 다락방, 모르몬교, 안식교, 구원파 등 이단들이 적극적으로 자료들을 올리고 있다.

청각 장애인의 경우도 다르지 않다. 여호와의증인, 모르몬교 등은 수화로 만든 교리 DVD 등을 청각 장애인들에게 무료 배포하고 있다. 특히 여호와의증인은 1,000명의 수화 통역자를 보유하고 있는데, 이는 100여 명에 불과한 수화 통역자들이 활동하는 기독교와 비교할 수 없을 정도다. 실제로 자신들의 홈페이지(www.watchtower.org)에 수화 동영상을 게시하고 있는 여호와의증인의 경우, 청각 장애인 신도들의 수가 빠르게 증가하고 있다.

장애인들이 소셜 네트워킹의 사각지대로 남지 않도록, 한국 교회는 장애인을 미혹하는 이단들에 적극적으로 대처하고, 건강한 신앙생활을 돕기 위한 장애인 지원 소셜 네트워크의 구축과 운영이 필요하다.

하나님의교회와 신천지를 주목하라!

최근 한국 교회를 가장 곤혹스럽게 하는 하나님의교회와 신천지의 소셜 네트워크 활용을 주목해야 한다. 이들 중 현재 신천지가 가장 문제인 것으로 비춰지고 있지만, 사실 21세기 한국 교회가 가장 경계할 대상은 하나님의교회라고 할 수 있다.

하나님의교회는 조직과 교세 면에서 신천지를 훨씬 능가하고 있다.

특히 국내뿐만 아니라 해외의 영향력도 꾸준히 확장된다. 한국 교회의 선교가 취약한 동유럽, 아프리카, 남미 등지에도 조직적으로 침투하고 있어 선교사들의 고민거리로 떠오르고 있다.

두 명씩 짝지어 가가호호 방문 포교를 하는 여호와의증인의 전형적인 모습이 이제는 하나님의교회 모습으로 바뀌고 있다. 전국 곳곳에 세워진 400여 하나님의교회 신도들이 적극적인 포교 활동을 펼치고 있다. 한국 교회가 교회 간, 교파 간 경쟁적 선교를 진행하는 동안, 하나님의교회는 조직력과 경제력을 앞세워 해외에 효과적으로 침투하고 있다. 21세기 한국 교회는 하나님의교회를 주목하고 미리 대처해야 한다.

하나님의교회는 특히 UCC를 효과적으로 활용하고 있다. 이들이 제작한 UCC는 블로그 등 자신들의 소셜 네트워킹을 통해 유포되고 있다. UCC는 빠르고, 쉽고, 경제적인 포교 수단이 되고 있다. 하나님의교회가 운영하는 UCC-Space(www.uccspace.net)에는 '유월절', '십자가는 우상', '어머니 하나님' 등의 교리를 담은 수많은 포교용 동영상들이 게시되어 있다.

또한 대상, 장소, 수단과 방법을 가리지 않는 신천지의 비상식적인 포교 활동이 소셜 네트워크에서도 예외 없이 이루어지고 있다. 청소년들이 좋아하는 만화로 만들어진 홍보물로부터 성인들을 위한 초급, 중급, 고급용 신천지 교리 강의 동영상들을 쉽게 접근할 수 있도록 유포하고 있다.

신천지는 전국 12지파별 네트워크를 운영하며 포교와 조직 관리를 하고 있다. 최근에는 전문성이 드러나는 세련된 각종 신천지 선전용 자료들이 '진짜 바로 알자 신천지'(http://cafe.naver.com/scjschool/) 등의 신천지 선전용 소셜 네트워크를 통해 광범위하게 유포되고 있다.

註

1. 정강현, "권력자, SNS", 중앙일보 (2011. 1. 18).
2. 탁지일, "이단의 소셜 네트워크 이용 실태와 대처", 〈목회와 신학〉 (2011. 3) 참고.

디지털 시대의 이단 대처

이단 코드에 맞설 교회 코드가 필요하다!

소셜 네트워킹은 현대 한국 사회의 대표적인 문화 코드 중 하나다. 문화 인류학자이며 정신 분석학자인 클로테르 라파이유는 그의 저서 *The Culture Code*를 통해, 미국인의 생활 속에서 발견되는 공통된 문화 코드를 마케팅에 적용하는 시도를 했다. 미국 사회학계의 석학인 로버트 벨라도 미국의 개인주의를 날카롭게 분석한 *Habits of the Heart*에서 유사한 시도를 했다. 이러한 분석과 접근을 통해 다양성을 특징으로 하는 미국 사회는 사회적 공통분모를 찾아 나가는 한편, 다양한 경제, 문화 활동에 실제적으로 적용해 오고 있다.

다양성의 미국 사회와는 달리, 동질성을 특징으로 하는 한국 사회에도 이러한 문화 코드가 존재한다. 주창윤은 《대한민국 컬처 코드》에서

2,000년대 한국 사회를 읽는 다섯 가지 코드, 즉 '유목민 코드'(인터넷을 떠도는 블로그, 카페), '참여 코드'(월드컵, 촛불 시위), '몸 코드'(몸짱, 얼짱), '섹슈얼리티 코드'(동성애), '역사적 상상력 코드'(〈실미도〉, 〈선덕여왕〉) 등을 통해 한국 사회를 분석한다.

한편 한국 이단들의 특징을 보여 주는 이단 코드(cult code)도 있다. 최근의 이단 코드를 이해하지 못한다면, 이들에 대한 효과적인 대처가 불가능하다. 최근 사회봉사 활동을 통해 사회의 공신력을 얻어 가는 이단들에 맞서서 교회가 더 사회적인 순기능을 해 나가지 않는다면, 끊임없이 진화(進化)하는 이단들에 대한 대처는 점점 어려워질 전망이다.

교회의 본질은 이단 비판과 대처가 아니라 말씀 사랑과 실천이 우선이다. 이단을 어떻게 섬멸하느냐보다 더 중요한 것은, 어떻게 그리스도의 순결한 신부로 살아가느냐의 문제다. 이단 논쟁보다도 교회의 본질 회복이 중요하다. 오늘날 한국 사회의 문화 코드와 한국 교회의 이단 코드에 대항할 수 있는 건강한 교회 코드(church code)의 생성을 가능하게 하는 건강한 기독교 소셜 네트워크의 활성화가 그 어느 때보다 필요한 시점이다.[1]

이단 대처를 위한 소셜 네트워크의 활용이 필요하다!

디지털 강국 대한민국의 이단들도 소셜 네트워크를 이용해 활발히 움직인다. 최근 주목을 받으며 성장하는 이단들은 예외 없이 온라인에서 자신들의 광범위한 네트워크를 구축하고 있다. 이러한 네트워크를 밖으로는 포교 활동에, 안으로는 내부 통제와 교육에 효과적으로 활용하고 있다.

이로 인해 디지털 시대의 주역인 다음 세대는 이단들에게 무방비 상태로 노출되어 있다. 뿐만 아니라 스마트폰의 대중화와 함께 청장년에 이르기까지 장소와 대상에 제한 없이 이단들의 미혹에 노출되어 있다. 디지털 세상에서 이단들은 때와 장소를 가리지 않고 우리를 찾아오고 있다. 특히 대학 캠퍼스는 이단들의 주요한 활동 무대다.

한국 교회 차원의 구체적인 대안 마련이 필요하다. 첫째, 교회 홈페이지 등의 네트워크를 통해 이단 예방 교육 자료의 게시와 공유가 활성화되어야 한다. 여러 교회들이 최근 문제가 되는 이단들에 대한 동영상 교육 자료들을 홈페이지 전면에 게시하는 것만으로도 이단의 교회 침투를 막는 경고가 될 수 있다. 둘째, 교회 언론은 지속적인 이단 관련 기사를 온라인과 오프라인에 게시하는 동시에, 트위터 등의 자체적인 기사 공유 네트워크를 통해 최근 이단들의 동향을 수시로 알려 이단들의 피해를 예방하고 경계하도록 해야 한다. 셋째, 한국 교회는 이단 피해자들이 운영하는 소셜 네트워크에 관심을 갖고 후원해야 한다. 이단 피해자들과 가족들은 가장 적극적으로 이단에 맞설 수 있는 이단 대처의 중심이기 때문이다. 교회와 이단 피해자들과의 교류와 협력은 이단 대처에서 반드시 필요하다. 마지막으로 글로벌 이단 대처 네트워크의 구축이 필요하다. 한국 이단들의 폐해는 국내를 넘어 세계화되고 있다. 세계의 교회, 이단 연구자, 이단 피해자 등이 사이버 공간에서 이단 대처를 위한 소셜 네트워크를 구성해, 각 지역에서 발생하는 이단 문제를 신속하고 효과적으로 대처할 수 있어야 한다.

디지털 시대, 영향력 있고 건강한 기독교 네트워킹이 이단에 의해 드리워진 소셜 네트워크의 그늘을 걷어 낼 수 있다.

•
註
1. 탁지일, "컬처(문화) 코드와 컬트(이단) 코드", 한국기독공보 (2010. 11. 13).

한국 교회의
이단
대처

이단에 대처하는 지혜

공신력 있는 이단 정보의 수집

부정확한 정보에 기초한 이단 정죄는 마녀사냥과 다르지 않다. 효과적인 이단 대처를 위해서는 공신력 있는 관련 정보의 수집이 무엇보다 중요하다. 최근 인터넷을 통한 이단사이비 정보 수집이 일반화되어 있다. 하지만 사이버 공간을 통한 정보 검색은 많은 위험을 내포하고 있다. 정보의 바다에는 신앙과 삶에 유익한 정보도 있는 반면에 유해한 정보에도 무방비로 노출되어 있다는 사실을 결코 잊어서는 안 될 것이다. 인터넷 지식 검색이나 게시판에 올린 잘못된 이단사이비 관련 정보로 인해 선의의 피해자가 생길 수도 있기 때문이다. 인터넷 검색보다는, 교회가 소속된 교단에서 제공하는 이단 관련 정보나 〈현대종교〉(www.hdjongkyo.co.kr)와 같은 공신력 있는 기관을 통한 정보 검색과 상담이 필요하다. 이단 문제는 신앙과 교리의 문제를 넘어 실정법의 문제이다. 부정확한 정보에 기초한 이단 비판은 명예 훼손 논란에 쉽게 휘말릴 수 있다.

성경 및 교리 교육의 강화

이단을 비판하는 것보다 더 중요한 것은, 성경을 바로 알고 그 말씀대로 사는 일이다. 이단을 분별하기 위해서는, 분별의 기준이 되는 성경을 잘 알아야 한다. 그리고 성경의 내용을 단순히 아는 것에 머물지 않고, 성경을 보는 올바른 눈을 가져야 한다. 이단들의 성경 공부는 비성경적인 눈을 심어 주는 세뇌의 과정이며, 이단 성경 공부의 최종 목적은 예수 그리스도가 아니라 그들의 신격화된 교주를 만나게 하는 것이기 때문이다. 이를 위해서 각 교회의 형편에 맞는 성경 및 교리 교육이 강화되어야 한다. 특히 100명 이하의 소규모 교회가 많은 한국 교회 현실에서, 장기적인 목회 계획에 기초한 체계적인 성경과 교리 교육보다는, 가시적인 교회 성장을 위한 각종 프로그램 갈아타기가 빈번하게 이뤄지고 있는 상황이다. 진짜 화폐에 익숙해야 위조지폐를 알 수 있고, 진품을 알아야 가품을 구분할 수 있다. 개교회의 상황에 적합한 눈높이 성경 및 교리 교육이 계발과 적용이 필요하다.

항상 새로워지는 교회

이단 대처와 교회 개혁은 동전의 양면이다. 교회의 역사는 그리스도의 몸 된 교회가 끊임없이 개혁되고(reformed) 또한 개혁하기를(reforming) 멈추었을 때 안팎의 도전에 직면하게 된다는 사실을 보여 준다. 초대 교회의 신실한 신앙의 선배들은 박해와 순교의 시기가 끝나자 하나님 앞에 새롭게 거듭나기 위해 금욕주의적인 삶을 살았고, 중세 교회가 하나님 앞에 새로워지기를 중단했을 때 종교 개혁이 일어났으며, 그 후 채 100년이 지나기도 전에 종교 개혁 교회마저도 하나님의 말씀으로부터 멀어졌을 때 교회에는 경건주의 운동과 복음주의적 각성 운동이라는 새로운 신앙 운동을 필연적으로 경험하게 되었다.

이처럼 교회의 역사는 항상 새로워지는 교회가 참된 개혁 교회의 표징인 것을 우리에게 말해 준다. 교회가 그리스도 안에서 날마다 새로워지지 못할 때, 교회는 세상의 빛과 소금의 역할을 할 수 없고, 이단에 효과적으로 대처할 수도 없다. 교회가 그 사명을 감당하지 못할 때, 이단이 어김없이 교회로부터 발생하여, 예수 그리스도의 복음의 빛을 가리고, 주님의 몸 된 교회를 분열해 온 것을 2,000년의 교회 역사는 우리에게 교훈으로 전해 주고 있다. 빛과 소금의 역할을 하지 못하는 교회가 이단을 향해 손가락질할 때, 더 많은 비판들이 교회를 향하고 있다는 사실을 겸허히 받아들여야 한다. 항상 새로워지는 교회, 이것이 한국 교회의 가장 힘 있는 이단 대처 방안이다.

이단 제품의 불매

최근 현대인들이 가장 관심을 갖는 주제는 웰빙이다. 건강에 좋다고 하면 무엇이든 섭취하고, 건강에 좋지 않다고 하면 아무리 좋아하는 것도 가까이 하지 않으려고 애를 쓴다. 하지만 우리는 내가 아니라 하나님의 영광을 위하여 우리의 몸과 마음을 정결하게 유지하고 있는지 궁금하다. 왜냐하면 우리의 몸과 마음을 미혹하는 많은 이단사이비 단체들의 사업체들과 제품들이 늘 우리 가까이에 있기 때문이다. 이단 제품의 불매는 이단사이비의 경제적 토대를 약화시킬 수 있는 가장 효과적인 방법들 중의 하나다.

이단사이비 단체에서 운영하는 사업체들과 제품들을 파악하는 것은 점점 어려워지고 있다. 특히 통일교 관련 단체나 제품들은 이름으로는 파악이 불가능할 정도로 다양하게 위장하여 우리 곁으로 깊숙이 파고들고 있다. 우리의 무관심과 부주의로 인한 이단사이비 사업체의 이용이나 제품 구입은, 우리의 참하나님의 거룩한 이름이 세상에 선포되는 데 사용되지 않고, 적그리스도의 거짓된 이름이 세상에 선포되고 기독교인들을 미혹하는 데 효과적으로 사용되고 있다는 사실을 분명히 기억해야 한다.

이단 상담과 피해자 지원

이단들의 세뇌보다 더 힘든 것이 회복 과정이다. 이단들은 생성과 소멸을 반복하고, 이단이 몰락할 때 이단 피해자들은 회복을 꿈꾸며 교회를 찾는다. 하지만 이들이 생각했던 것보다 교회의 문턱은 너무 높고, 피해자들은 짧은 안식을 위해 또 다른 이단을 찾아 나선다. 교회의 무관심이 이단 문제를 더욱 악화시키는 것이다. 기존 신자들을 위한 이단 예방 프로그램과 함께, 이단 이탈자들을 위한 치유와 회복 프로그램의 운영이 필요하다.[1]

숨어서 거짓말하는 길 잃은 어린양들

이단에 미혹당한 사람들은 거짓말을 하도록 교육받는다. 하지만 참된 기독교인은, 성경이 증언하는 예수 그리스도를 믿는다는 사실을 언제 어디서나 결코 감추지 않는다. 세상이 우리에게 예수 그리스도를 믿지 말라고 강요하면 기독교인들에게는 두 가지 선택, 즉 주님을 위한 '순교'와 주님을 버리는 '배교'만이 있을 뿐이다.

또한 이단에 미혹당한 사람들은 정체를 숨기고 포교하도록 교육받는다. 하지만 기독교인은 세상이 자신을 받아들이기 거부하면 주님을 위해 박해받거나 순교당하고, 세상이 자신을 인정하면 당당하게 예수 그리스도를 전한다. 참된 기독교인은 자신이 믿는 분이 예수 그리스도이며, 자신은 기독교인이라는 신앙의 정체성을 단 한 차례도 숨긴 적이 없다.

거짓말을 하고 자신의 정체를 숨기면서까지 포교 활동에 전념하는 이단 신도들이 안타깝기만 하다. 하지만 잊어서는 안 될 중요한 사실은, 이들 이단 신도들이 이단 문제의 최대 피해자라는 사실이다. 교회의 본질은 '이단 관련자의 정죄'가 아니라 '이단 피해자의 회복'이라는 점을 기억해야 한다. 이단 대처를 한다고, 이단에 빠진 영혼들을 외면해서는 안 된다. 이단에 속한 사람들은, 예수 그리스도께서 애타게 찾으시는 길 잃은 어린양들이다.

"이단에 속한 사람을 한두 번 훈계한 후에 멀리하라"(딛 3:10), 대신 그들을 위하여 지속적으로 기도하라!

성서에 나타난 이단 대처법은 다소 수동적이다. 이단에 싸워 이기기를 권하기보다, 접촉하지 않기를 권고한다. 이러한 대처법은 초대 교회 안에서 활동하던 이단들이 얼마나 위험했는지를 역설적으로 보여 준다. 예수 그리스도 안에서 하나 된 교회를 지향하던 교회 지도자들에게, 교회를 분열시키고 예수 그리스도에 대한 잘못된 가르침을 주던 이단들이 얼마나 위험한 세력들이었는지 짐작할 수 있다.

하지만 "한두 번 훈계한 후에 멀리하라"고 해서, "이단에 속한 사람"을 위한 기도와 관심을 결코 멈춰서는 안 된다. 오히려 쉬지 말고 그들을 위하여 지속적으로 기도해야 한다. 사랑하는 가족이 이단에 빠졌다면, 과연 우리가 한두 번 훈계한 후에 멀리할 수 있을까? 그렇지 않다. 엄격함과 단호함으로 이단에 속한 잘못을 분명하게 지적해야 하지만, 관심과 사랑의 끈을 놓지 말아야 한다. "한두 번 훈계"한 후, 그들을 위해 "쉬지 말고" 기도하며 성령의 강권적인 역사를 소망해야 한다.

또한 "한두 번 훈계한 후에 멀리하라"는 말씀을, 나와 우리 가족만 이단으로부터 지켜지면 된다는 이기적인 이단 대처 전략으로 이해해서는 안된다. "이단에 속한 사람"을 회복시키기 위한 본격적인 영적 전쟁의 시작으로 바라봐야 한다.

"이 교훈을 가지지 않고 너희에게 나아가거든 그를 집에 들이지도 말고"(요이 1:10), 대신 교회로 이끌어라!

이단에 속한 사람들은 "할 수만 있으면 택하신 자들도 미혹"하려고 수단방법을 가리지 않는다. 이단들은 가가호호 포교라는 전통적인 방법을 쓰기도 하고, 최근에는 교회 안에 침투에서 포교하는 적극적인 방법을 쓰기도 한다. 신앙인들은 항상 이단들의 주된 포섭 대상이 된다. 그렇기에 이단들에 대한 가장 효과적인 대처 방법 중 하나가, 아예 집에 들이지도 그리고 알은척도 하지 않는 것이 분명하다.

하지만 "집에 들이지도 말라"고 해서, "이단에 속한 사람"을 방치해서는 안 된다. 집에서 '개별적'으로 대처하는 것은 한계가 있다는 점에 주목해야 하다. 오히려 교회를 통해 '조직적'으로 대처해야 한다. 집에 들이지 말고, 그 대신 적극적으로 교회로 이끌어야 한다. 교회는 이단들에게 심판을 선포하며 정죄하는 곳이 아니라, 교회는 이단들에게 회복을 위해 예수 그리스도의 평화를 선포하고, 이단 피해자들을 긍휼히 여기며 치유하는 사랑의 공동체이다. 교회의 본질은 이단 정죄가 아니라 잃어버린 영혼에 대한 사랑이다. 우선순위를 결코 혼동해서는 안 된다.

"집에 들이지도 말고"라는 말씀은, 이단에 속한 사람들을 개인적이고 냉소적인 무관심으로 대하지 말고, 오히려 교회 전체의 공동체적이고 따뜻한 관심으로 대하는 것이 필요하다는 가르침으로 받아들여야 한다. 우리들이 이단에 속한 사람들 혹은 이단으로부터 이탈한 사람들을 교회로 적극적으로 이끌 때, 이들은 성령의 위로와 치유를 경험할 수 있다.

"내 자신이 저주를 받아 그리스도에게서 끊어질지라도"(롬 9:3), 대신 잃어버린 양을 위하여 살자!

만약 이단에 빠진 사람이 내 아들이고 딸이라면 어떻게 해야 할까? 의심할 여지없이 "내 자신이 그리스도에게서 끊어질지라도" 죽을 때까지 자녀를 구출하려고 노력할 것이다. 우리들 스스로가 이단 피해자가 될 수도 있다는 위기감과 이단 피해자 가족들의 애통하는 마음으로 이단 문제를 바라보지 않는다면, 이단에 빠진 사람들을 회복시키고 교회로 이끌 수 없다. 이제 이단 대처를 넘어 잃어버린 양을 위해 살아야 한다. 이것이 우리 신앙의 실천이며, 이러한 삶이 곧 전도이다.

이단에 속한 사람들을 위해, 무엇보다도 지속적으로 기도하며 성령의 도우심을 간구하고, 또한 개인적인 노력보다는 교회 공동체를 통한 조직적인 치유와 회복을 시도해야 한다. 21세기 한국 교회의 이단 대처, 이제 우리만 살겠다는 '교리적 정죄'를 넘어, 잃어버린 '피해자 회복'으로 나아가야 한다.

이단의 정체에 대해 쉽게 이해할 수 있도록 도와주어야 한다!

이단들의 정체에 대한 복잡한 교리적 설명이 아니어도, 이들의 일반적인 특징을 통해 우리 주변의 이단들을 분별할 수 있다. 이단들은 일반적으로 예수가 아닌 사람을 신격화하고, 비성서적인 교리를 주장하며, 자신들만이 구원받는다는 배타적인 구원관을 가지고 있다.

이단사이비들의 주된 특징들 중 하나는 예수가 아닌 사람에게 초점을 맞추고 그 사람을 끊임없이 신격화한다는 사실이다. 하지만 우리의 참된 기독교 신앙은 예수 신앙이다. 신실한 신앙인들은 초대 교회 300년 동안 로마 황제가 아니라 예수가 그리스도라는 고백으로 인해 박해를 받았고, 우리 믿음의 선진들은 일제 강점기 동안 일본 천황이 아니라 예수가 그리스도라는 비타협적인 고백으로 인해 많은 고난을 받았다. 하지만 이단사이비는 자신들의 교주를 재림주, 메시아 등으로 신격화한다.

이단사이비들은 성서와는 다른 교리를 주장한다. 우리는 하나님의 기록된 말씀인 성서의 권위를 가장 중요하게 받아들인다. 하지만 이단사이비들은 성서 이외에 소위 교주를 통해 새롭게 계시된 비성서적인 말씀을 주장한다. 많은 이단사이비 단체들은 성서 이외에도 교회의 전통에서 받아들일 수 없는 그들만의 비성서적인 교리를 가지고 있다.

또한 이들은 자신들만이 구원받을 수 있다고 주장한다. 세상은 임박한 하나님의 심판을 피할 수 없으며, 오직 자신들의 단체에 소속되었을 때만 이 심판의 불길로부터 벗어날 수 있다고 가르친다. 사람들은 이 심판으로부터 가족들을 지키기 위해, 가족을 포기하는 안타까운 선택을 하게 된다.

우리 주위에서 활동하는 이단들의 현황을 파악하고 있어야 한다!

우리 주변의 이단사이비들은 크게 세 부류로 구분할 수 있다. 첫째로 외국에서 들어온 단체들이다. 이들은 대부분이 미국에서 들어왔다. 안식교, 여호와의증인, 모르몬교 등이 있다. 둘째로 한국에서 생겨난 단체들이 있다. 주로는 한국전쟁을 전후로 한 사회적 혼란기에 많이 생겨났다. 통일교, 전도관, 장막성전 등이 여기에 속한다. 그리고 마지막으로 위의 두 단체들에서 영향을 받아 생겨난 2세대 단체들이 있다. 예를 들면, 안식교의 영향을 받은 안상홍증인회, 통일교의 영향을 받은 JMS, 장막성전의 영향을 받은 신천지교회 등이다.

한국의 이단사이비 단체들은 스스로 생겨나기보다는 서로서로 영향을 주고받으며 생겨나고 있다. 이러한 방식으로 주변의 이단들을 분류한다면, 우리 지역의 이단들을 일목요연하게 파악할 수 있다. 이단 예방 목적으로 지역 기독교 연합회나 개교회 차원에서 지역의 이단사이비 지도를 만들어 활용하는 것도 좋은 예방이 될 수 있다. 특히 개교회 새신자 교육을 위해서도 효과적으로 사용될 수 있다.

이단들로 인해 발생하는 피해 사례를 인지하고 있어야 한다!

신약 성서를 보면 이단사이비 단체들로 인한 교회의 피해가 적지 않았던 것을 알 수 있다. 초대 교회에도 신천지교회처럼 교회 안에 "가만히" 들어와 "주님 안에서 자유 한 우리를 그들의 종으로 삼으려고 활동"하는 이단들이 많았다(갈 2:4). 교회는 이들에 대처하기 위해 니케아 신조라는 신앙 고백을 만들어 교회의 참모습을 지키려고 노력하였다. 신약 성서에도 이단에 대처하는 지혜들이 있다. 그런데 이러한 대응 방안들은 다소 수세적인 것처럼 보인다. 로마 제국의 박해를 이겨 낸 신앙인들이면 "이단에 담대하게 싸워 이기라"고 권고할 만도 한데, 오히려 "한두 번 훈계한 후에 멀리하라"(딛 3:10)거나 "집에 들이지도 말고 인사도 하지 말라"(요이 1:10)고 가르친다. 이는 교회 안에 침투한 이단들로 인해서 얼마나 많은 어려움을 겪고 있는지를 단적으로 보여 주는 예라고 할 수 있다.

그런데 이러한 피해가 현재도 나타나고 있다. 이단사이비들로 인해 영혼이 고통받고, 우리 가정이 무너지고, 아름다운 신앙 공동체가 분열되는 일이 일어나고 있다. 성령은 우리를 하나 되게 하지만(갈 5:20) 이단사이비는 우리를 갈등하고 분열하게 만든다(갈 5:20). 다양한 피해 사례를 알고 있는 것은 이단 문제 상담과 대처에서 지혜를 얻을 수 있을 뿐만 아니라, 동일한 시행착오를 겪지 않고 효과적인 상담을 하기 위해 반드시 필요하다. 이단 예방 교육에 있어서 피해자들이나 이탈자들의 간증이 효과적인 이유가 분명히 있다.

미국 전문가 스티븐 하산의 상담 사례

미국의 대표적인 사이비종교 문제 상담자이며 사이비종교 피해자들의 탈출을 돕고 있는 스티븐 하산(Steven Hassan)은 19세이던 1974년에 통일교에 미혹된 후 2년 넘게 통일교와 문선명을 위해 적극적으로 활동했다. 당시 그는 포교와 모금 활동을 하면서 문선명을 수차례 직접 만났으며, 통일교 핵심 지도부의 일원으로 활동했다. 하지만 교통사고로 중상을 입었을 때, 가족의 사랑과 노력으로 인해 통일교를 극적으로 빠져나왔다.

14년이 흐른 후에 하산은 자신의 경험을 토대로 미국과 해외의 사이비종교 피해자를 돕고 예방 교육을 하는 대표적인 전문가로 활동하며 수백 명의 사이비종교 피해자를 돕고 있다. 하산은 사이비종교로 인한 피해가 발생했을 때, 가능한 한 빨리 피해자를 만나 돕는 것이 무엇보다도 중요하다고 지적한다.

특히 하산은 비상식적인 사이비종교에 미혹당하는 이유가 마인드 컨트롤(mind control) 때문이라고 지적한다. 하산에 따르면, 마인드 컨트롤은 한 사람의 정체성에 혼란을 주는 동시에 새로운 정체성으로 바꿔 놓는 시스템이다.[2] 모든 마인드 컨트롤이 나쁜 것은 아니지만 하산은 마인드 컨트롤이 끼치는 부정적인 측면에 초점을 맞추고 있다.

일단 마인드 컨트롤을 당하게 되면 전문가의 도움이 없이는 자신이 마인드 컨트롤을 당하고 있다는 사실을 깨닫지 못한다. 하산 자신도 통일교에 빠져 있을 때 주변 친구들이 통일교에 세뇌당한 로봇(brainwashed robot)이라고 놀렸지만, 그에게 이것은 그저 예상된 박해였을 뿐이었고, 박해가 계속되면 될수록 그 자신은 더욱더 적극적으로 통일교에 충성하게 되었다. 이는 최근 이단 피해자들의 일반적인 행동 양식과 다르지 않다.

하산은 마인드 컨트롤과 세뇌(brainwashing)는 분명히 다르다고 분석한다. 세뇌는 1951년에 언론인 에드워드 헌터(Edward Hunter)에 의해 사용됐다. 헌터는 한국전쟁 당시 중공군의 포로가 됐던 미군들의 상태를 설명하기 위해 세뇌라는 표현을 사용했다. 당시 미군 포로들은 자신의 정체성을 잃어버리고 자신들이 전범자라고 생각하도록 세뇌당했던 것이다. 하산은 언론이 세뇌라는 표현을 너무 쉽게 사용한다고 지적한다. 왜냐하면 사이비종교에 빠진 사람들에게 세뇌란 곧 고문을 의미하기 때문이다.[3]

하산은 마인드 컨트롤을 네 가지 유형으로 분류한 후, 바이트모델 (BITE Model)로 설명한다. BITE는 각각 행동(Behavior), 정보(Information), 사고 (Thought), 감정(Emotional)을 상징한다.

첫째, 행동 통제(behavior control)다. 사이비종교는 신도들의 헌신을 강요하며 일상생활, 즉 먹고, 입고, 자고, 일하는 것에 대해서도 치밀하게 통제한다. 자유 시간은 철저하게 제한된다.

둘째, 정보 통제(information control)다. 정보는 사람의 정신을 건강하게 지켜 주는 연료와 같다. 사이비종교는 신도들에 대한 정보 통제를 통해서 비판 의식을 말살시킨다. 이를 통해 사이비종교에 빠진 사람들은 사이비종교와 지도자에 대한 비판 의식을 상실하게 된다. 이러한 마인드 컨트롤을 통해 사이비종교에 점점 깊숙이 빠지게 되는 것이다.

셋째, 사고 통제(thought control)다. 사이비종교는 신도들의 사상을 철저하게 개조하며, 자신들의 교리에만 초점을 맞추도록 강요하고, 다른 개인적인 사고를 하지 못하도록 통제한다. 마지막으로, 감정 통제(emotional control)다. 사이비종교는 신도들의 통제를 위해서 죄의식과 위기감을 주입한다. 신도들은 자신들이 느끼는 죄의식과 위기감이 통제를 위한 것이라는 사실을 깨닫지 못한다. 사이비종교 지도자는 과거의 죄를 추궁하고, 신도들이 죄의식을 느끼도록 한다. 이러한 상황에서 지도자가 신도들을 결점을 들어 비난하더라도 신도들은 감사하게 받아들이게 된다.[4]

하산은 마인드 컨트롤에 빠졌던 사람이 마인드 컨트롤로부터 빠져나왔을 때가 더욱 위험하다고 강조한다. 잃어버렸던 자신의 정체성을 되찾는 일은 무척 어려운 일이기 때문이다. 이단에 빠졌을 때보다도 이단으로부터 나온 이후의 회복 지원이 더욱 중요한 이유도 여기에 있다.

하산은 자신이 통일교에서 빠져나올 수 있었던 가장 중요한 이유가 바로 아버지의 눈물이라고 설명한다. 아버지의 눈물을 통해서 하산은 자기 자신을 바로 볼 수 있었다. 우리 주변에 있는 이단 피해자들을 위한 가족들의 쉼 없는 기도와 무조건적인 사랑만이 이들의 회복을 도울 수 있다.

신천지 피해자 모임에 참석한 적이 있다. 모임에는 이탈자, 상담자, 가족들이 함께했다. 서로 약속을 하고 나오지 않았는데도 불구하고, 이단 문제 해결의 가장 큰 열쇠는 가족이라는 점을 이구동성으로 고백했다. 내 몸처럼 사랑하는 가족이 이단에 빠지거나 피해를 입었을 때, 우리는 결코 외면할 수도 그냥 보고만 있을 수도 없다.

가족이 희망이다!

이단 문제로 인한 가정 가치의 상실과 파괴가 급증하고 있다. 특히 신천지 등장 이후 배우자와의 갈등 및 이혼 문제가 심각한 상황이다. 이단들의 잘못된 종말론은 '가정을 위해 가정을 포기'하게 만든다. 즉 가정을 살리기 위해서 특정한 시기의 종말을 준비해야 한다거나(시한부 종말론), 혹은 가족 모두가 영생을 얻기 위해서 특정한 숫자(144,000명)의 신도 수를 채워야 한다고 주장하며(조건부 종말론), 평범한 남편과 아내에게 가정을 포기할 것을 요구한다. 일제 강점기로부터 이단사이비종교들은 우리에게 소중한 사람들을 위해서 그들을 포기하도록 강요하고, 우리가 지켜야 할 소중한 것을 지키기 위해서 그것을 포기하도록 감언이설로 미혹해 오고 있다. 가정보다 소중한 가치는 없다. 사리사욕을 위해 부부 관계를 파괴하는 이단사이비종교들은 현대의 사회악이다.

이단의 미혹이 문제라면, 가족의 사랑이 정답이다. 이단 피해 회복의 열쇄는 가족들이 가지고 있다. 이단 상담자들은 가족 상담과 가족의 사랑과 노력을 중요시한다. 가족 상담을 통해 이단 피해 발생의 원인에 접근할 수 있으며, 가족의 무조건적인 사랑과 노력을 통해 피해의 치유와 회복을 이룰 수 있기 때문이다. 가족들만이 사랑의 끈을 놓지 않고, 끝까지 피해 회복을 위해 노력할 수 있다. 이단에 빠진 사랑하는 가족을 치유하고 회복하기 위한 피해자 가족들의 노력과 아픔은 동서양이 다르지 않다. 가족들의 부단한 노력을 통해 집으로 다시 돌아온 이단 피해자들의 이야기들은 우리에게 소중한 희망을 가져다 준다. 사랑하는 가족을 속이고 버리면서, 육체 영생이나 왕과 제사장이 되는 새로운 세상을 논하지 말아야 한다.[5]

·
註

1. 탁지일, "이단에 빠진 사람, 어떻게 전도할 것인가?", 〈목회와 신학〉 (2012. 11), 74-75.
2. Steven Hassan, *Combatting Cult Mind Control* (Rochester: Park Street Press, 1988), 7.
3. 앞의 책, 55-56.
4. 앞의 책, 59-67.
5. 탁지일, "결혼과 이단", 〈현대종교〉 (2014. 5), 8-10.

글로벌 이단 대처 네트워크의 필요성

국제컬트연구협회의 활동 사례

현재 미국에서는 하나님의교회 피해가 지속적으로 나타나고 있다. 이로 인해 필자는 2010년 7월 1일부터 3일까지 미국 뉴저지 포트리에서 개최된 국제컬트연구협회(ICSA, International Cultic Studies Association) 2010년 정기 모임에 하나님의교회에 대한 발표를 하기 위해 참석했다.

국제컬트연구협회(www.icsahome.com)는 이단사이비종교에 대한 연구와 교육과 피해자 지원을 목적으로 하는 전 세계적 규모의 조직이다. 북미와 유럽과 아시아 등 세계 각국에서 참여한 이단 연구가, 사회학자, 피해 상담자, 이단 탈퇴자, 피해자 가족 등 300여 명이 모여 최근 이단사이비종교의 현황과 대처 방안에 대해 논의했다. 많은 참석자들이 하나님의교회에 대해 관심을 갖고 있었다.

다행히 현재 미국 내에서도 하나님의교회에 반대하는 웹 사이트들이 활발하게 운영되고 있다. 하지만 정기 모임에서 만난 사이트 운영자들은 자신들이 운영하는 안티 하나님의교회 사이트들이 자주 해킹당하고 있다고 어려움을 털어놓았다. 한국에서보다 외국에서의 하나님의교회 활동이 저돌적이고 공격적인 면이 있다는 데 모두 공감했다. 이들 운영자들 중 한 사람이 폭행 사건의 피해자가 됐다.

필자는 정기 모임에서 "2012년 종말을 주장하는 하나님의교회 세계복음선교협회"(Exploring World Mission Society Church of God: A Growing Korean Doomsday Cult Waiting for 2012)라는 주제 발표를 했다. 발표장에는 하나님의교회에 빠진 가족을 둔 미국인 피해자 부모들이 함께 참여해 고통을 호소하고 상담을 하기도 했다.

한편 예장 총회(통합) 이단사이비대책위원회와 일본 기독교단 대표들이 매년 만나는 한일통일교대책모임을 통해 만났던 일본의 마사키 키토 변호사도 모임에 참석했다. 국제이단 연구협회를 필자에게 소개해 준 것도 키토 변호사였다. 일본의 저명한 인권 변호사인 키토 변호사는 그의 동료들과 함께 통일교 등 일본 내의 사이비종교 문제에 대해 발표했다. 놀랍게도 그의 발표장에는 미국의 통일교 고위 간부들과 신도들이 참석해 분위기를 무겁게 만들었다. 이들은 일본인 통일교 신도들의 납치와 감금 문제를 제기하기 위해 전략적으로 참석한 것으로 보였다.

무엇보다도 큰 소득은 현대 이단 연구의 주요한 모델이기도 한 영국의 대표적인 신흥종교 연구 기관인 인폼(INFORM, Information Network Focus On Religious Movements, www.inform.ac)의 아일린 바커(Eileen Barker) 박사를 만난 일이었다. 바커 박사가 운영하는 인폼은 현대 이단 연구 모델로 여겨지고 있다. 또한 전 통일교 신도로 이단사이비종교에 빠진 사람들을 상담하며 회복을 돕는 대표적 인물인 스티븐 하산을 만난 것도 행운이었다. 차분하고 사려 깊어 보이는 하산은, 이단 문제를 교리적으로 바라보던 필자에게 세뇌와 마인드 컨트롤의 위험성에 대해 자세하게 알려 주었다. 하산은 하나님의교회를 통일교만큼 위험한 단체로 인식하고 있었다.

전 세계에서 온 참석자들이 진지하게 사이비종교 문제의 해법을 찾는 모습이 무척 인상적이었다. 정기 모임이 이루어지는 동안 피해자들의 회복을 돕는 워크숍이 열렸고, 사이비종교의 폐해를 알리는 도서들도 전시되었다.

우리 한국의 이단사이비 연구는 교계를 중심으로 교리적 접근을 주로 시도하고 있지만, 필자가 목격한 국제컬트연구협회의 이단사이비 연구는 '전문가와 피해자가 중심'이 되고 '교회와 사회 기관이 지원'하는 형태로 진행되고 있었다. 21세기 한국의 이단사이비 연구의 대안이자 미래라고 할 수 있는 '글로벌 이단 대처 네트워크'가 이미 성공적으로 운영되고 있는 것을 목격한 것은 소중한 경험이었다. 국제이단 연구협회 참석자들은 다음 모임을 기약하면서 또다시 이단사이비종교와의 싸움터로 떠났다.

국내외 이단 대처 활동

세계 여러 나라들은 자신들의 형편에 맞게 이단사이비들을 규정하고 제재해 오고 있다. 지난 인류의 역사를 돌아보면 새로운 종교 운동들이 끊임없이 생겨나고 소멸되어 온 것을 알 수 있다. 이들 가운데 기독교와 관련성을 갖고 있는 기독교계 신흥종교 운동들이 있는데, 이들 신흥종교 운동을 모두 부정적으로 볼 수만은 없다. 왜냐하면 그들 중에는 건전하게 발전하여 기성 종교화된 건실한 신흥종교들도 많이 있기 때문이다. 이들 기독교계 신흥종교 운동들 가운데서도 교회와 사회에 신학적으로 그리고 사회학적으로 부정적인 영향을 끼치는 개인이나 단체들이 우리의 연구 조사 대상인 것이다.

한국뿐만 아니라 유럽과 미국에서도 지난 세기 동안 새로운 종교 운동들의 성격을 규명하려는 노력이 계속되어 왔다. 막스 베버, 에른스트 트뢸치, 로버트 벨라, 로드니 스타크 등과 같은 많은 종교 사회학자들이 신흥종교 운동들의 성격을 규명하기 위해 애써 왔는데, 그중에서도 미국에서의 연구를 주의 깊게 바라볼 필요가 있다. 그 이유는 한국 교회가 미국의 교파주의 영향을 많이 받은 것처럼 한국의 이단사이비 운동 역시 미국의 이단사이비 운동의 영향을 많이 받았기 때문이다.

미국 교회는 이단 규정에서 어려움을 겪고 있는데, 그 이유는 미국 수정 헌법에서 종교의 자유를 보장하고 있기 때문이다. 미국이란 나라의 형성 자체가 다양한 인종적, 문화적, 언어적, 종교적 다양성을 배경으로 하고 있기 때문에 교리적 차이를 이유로 이단으로 규정한다는 것이 어렵다. 이는 다양한 종교적 배경을 가지고 있는 우리나라도 예외는 아니다.

간혹 한국에서 이단으로 규정된 단체들이 미국의 일부 교단이나 초교파 기관들의 견해를 근거로 들며 그 결백성과 정통성을 주장하는 경우가 있다. 하지만 이것은 미국 사회의 특징을 이해하지 못했기 때문에 그렇다. 미국 사회에서는 이단사이비뿐만 아니라 심지어는 비상식적인 나치 운동이나 극단적인 UFO 단체를 결성하여 활동해도 인정할 수밖에 없고 제재하기 어려운 상황이다.

다행히 미국의 건전한 교회들을 중심으로 미국 건설의 기초가 되는 성서의 가르침과 정통 교리를 근거로 하여 이단을 규정해 오고 있다. 예를 들면, 미국교회협의회에는 삼위일체 하나님을 인정하지 않는 단체들이 회원으로 가입할 수 없는데도 불구하고, 1970년대에 통일교가 가입 신청을 한 적이 있다. 하지만 미국교회협의회가 신학적으로 연구한 결과 통일교는 기독교와 완전히 다른 것으로 결론지었고, 이를 이유로 하여 가입을 허락하지 않은 일도 있었다.

미국뿐만 아니라 세계 여러 나라에서 세기말적인 종말론 소동과 비정상적인 종교 운동들의 폐해를 경험하면서 국가적인 차원에서의 제재를 확대해 나가고 있다. 이들 중에서 가장 눈에 띄는 나라가 영국이다.

영국의 런던경제대학(London School of Economics)의 아일린 바커 교수가 운영하는 인폼이라는 연구 기관의 활동을 보면 21세기 한국 교회에서 필요한 이단 연구의 모습을 발견할 수 있다. 이 연구소는 영국 정부와 영국 교회 그리고 영국 학계에서 공동으로 지원받고 있다. 그리고 공신력 있는 이 연구소에서 이단사이비 관련 자료가 나오면, 영국 정부는 정부의 종교 정책에 활용하고, 영국 교회는 목회적인 차원에서 활용하고, 영국 학계는 사회적인 측면에서 이 자료들을 활용하게 된다. 자료가 가지고 있는 공신력으로 인해 영국 사회 전반에 많은 도움을 주고 있다.

이 단체의 운영자인 바커 교수는 통일교에 대한 비판적 연구의 전문가이기도 한데, 그의 공신력을 잘 알 수 있는 사건이 하나 있었다. 영국에서 통일교가 재판을 받게 되었을 때, 마땅한 증인을 찾을 수 없었던 통일교는 바커를 증인으로 신청했다. 통일교에서는 그녀가 자신들에게 비판적인 것을 알면서도 그 공신력을 인정하여 증인으로 신청한 것이다. 교파주의를 특징으로 하는 한국 기독교의 이단 연구 역시 이러한 공신력 있는 이단 연구의 필요성을 느끼게 한다. 공신력 있는 이단사이비 연구 기관이 제공하는 공신력 있는 이단사이비 관련 자료들이 우리 정부와 교회와 사회의 각 단체들에서 각각의 필요에 맞게 사용되어야 한다. 무엇보다도 한국의 이단사이비가 성공적으로 세계화하고 있는 지금, 국내외를 연결하는 글로벌 이단 대처 네트워크가 구축되어야 한다.

이단 대처 네트워크의 필요성

바울이 감옥에 갇힌 뒤에도, 초기 기독교인들은 더욱 열심히 그리스도의 복음을 전했다. 그들 중 많은 사람들은 착한 뜻을 가지고 주님을 더욱 의지하면서 그리스도를 담대히 전했지만, 반면 어떤 사람들은 바울이 옥에 갇히자 바울보다 앞서 가고자 하는 시기와 분쟁의 마음으로 그리스도를 전했다. 하지만 이러한 모습에도 옥중의 바울은 낙망하지 않고 오히려 기뻐한다. 그는 "무슨 방도로 하든지 전파되는 것은 그리스도니 이로써 나는 기뻐하고 또한 기뻐하리라"고 고백한다(빌 1:18). 이단사이비에 맞서는 하나님의 선한 세력들은 어떤 이유를 막론하고 함께 연대하며 서로 돕고 신뢰해야 한다. 물론 때로는 선한 경쟁을 통해서 이단사이비에 좀 더 효과적으로 대처하기 위해 노력해야 한다.

지금은 이단사이비에 대처하기 위한 광범위한 상호 협조가 그 어느 때보다도 절실한 상황이다. 무엇보다도 이단사이비에 효과적으로 대처하기 위한 신속하고 정확한 이단 관련 정보의 국내외적 공유가 중요하다. 왜냐하면 이를 통해 세계적인 이단 활동 동향을 파악하는 한편, 지역 차원에서도 이들 이단사이비들을 대처할 수 있기 때문이다.

성서와 기독교 역사는 교회의 성장과 부흥의 때가 곧 이단의 발흥의 때인 것을 우리에게 증언하고 있다. 세계적으로 활동하는 한국산 이단사이비 단체들에 효과적으로 대처하기 위해 한국 교회가 앞장서는 글로벌 이단 대처 네트워크의 구축과 운영이 요구된다.

이단 연구의
역사와
교훈

한국의 이단 연구

무라야마 치준(村山智順)의 유사종교(類似宗教) 연구

일제하와 해방 그리고 한국전쟁으로 이어지는 한국 근현대사의 정치 사회적 불안정성과 수천 년 동안 자라 온 우리 민족의 고유의 종교적 영성을 그 배경으로 한국 땅에도 바커의 표현처럼 다양한 새롭고(new) 종교적인 (religious) 운동들이 끊임없이 생성되거나 소멸해 왔다. 이러한 새로운 종교 단체에 관한 연구는 역사적으로 일제의 효과적 조선 통치를 위해 1935년 조선 총독부에 의해 간행된 무라야마 치준(村山智順, 1891-1968)의《朝鮮の 類似宗教》(조선의 유사종교)에서 그 유래를 찾아볼 수 있다.

무라야마 치준은 1929-1941 기간 동안 조선에 체류하면서,《조선의 귀신》(1929),《조선의 풍수》(1931),《조선의 무속》(1932),《조선의 점술과 예언》(1933),《부락제》(1937),《조선의 석전, 기우, 안택》(1938),《조선의 향토

오락》(1941) 등 8권의 조선의 문화와 종교에 관한 책들을 저술했다. 특히 《조선의 유사종교》에서 무라야마 치준은 한국에서 발생한 모든 종교들과 특히 일제의 통치에 협조적이지 않은 새로운 종교 단체를 '유사종교'로 지칭하면서 그 부정적인 면을 부각시켜 조선 총독부의 종교 탄압의 근거를 제공하였다.[1]

이강오의 신흥종교(新興宗教) 연구

해방 후에도 한국에서 발흥한 신흥종교 운동에 대한 연구가 계속 진행되어 왔으며, 그중에서 전북대학교 철학과 교수였던 이강오(1920-1996)의 연구 결과가 단연 돋보인다. 그는 일제 총독부가 분류한 유사종교 단체를 '한국의 신흥종교'라고 지칭하면서 한국의 신흥종교는 "근세에 한국에서 한국 사람에 의해 새로이 창교된 교단들의 전부를 말한다"고 정의한다.[2] 그는 일제가 한국의 건전한 신흥종교마저도 '유사종교'로 지칭하여 부당하게 탄압하였다고 지적하고, "유사종교란 말은 종교와 유사하지만 종교가 아닌 似而非宗教 또는 正教에 대한 邪教라는 의미를 가진다"고 설명한다. 그는 백백교와 같은 사교도 있으나 한국의 신흥종교 전체를 유사종교라고 할 수 없다고 주장하고, "과거의 유사종교라 불렸던 교단들을 우선 신흥종교라는 범주에 묶어 넣고 그 다음에 종교학적, 사회학적인 측면에서 유사종교의 여부를 가려내는 것이 옳을 것이라 생각한다"고 그의 연구 방법론을 밝히고 있다.

이강오는 전라북도를 중심으로 지역 신흥종교 운동들에 대한 연구에 평생을 바쳤고, 마침내 1992년《韓國新興宗教摠監》(한국신흥종교총감)이라는 책을 발간함으로써 한국 신흥종교 연구의 한 획을 그었다. 필자가 박사

학위 논문을 쓰던 중 토론토대학교 도서관에서 이 책을 처음 접했는데 그 서문을 읽는 순간 숨이 멎는 듯했다. 그 이유는 그의 연구가 한 지역의 신흥종교 운동에 대한 제한적 연구였지만, 놀랍게도 그 유형 분류와 개념화에서는 유럽과 북미의 종교 사회학자들이 한 세기에 걸쳐 연구해 온 그 논의의 수준을 넘어서는 탁월함을 보여 주고 있었기 때문이다. 그의 연구는 가장 한국적인 연구가 가장 세계적일 수 있다는 실례를 보여 준다.

이강오는 가장 먼저 한국 신흥종교 운동의 메카인 대전의 계룡산과 전주의 모악산에 모여 지상 천국의 도래를 기다리던 유사종교 단체들에 대한 연구를 시작했다. 이강오는 이들의 경전들은 물론이고 직접적으로 교주들과 신도들을 만나 그들의 교리와 생활을 연구했으며, 그의 연구의 객관성을 위해서 이탈자들을 만나 인터뷰도 하였다.[3] 이강오에 따르면 그는 30여 년에 걸쳐 340여 개의 신흥종교 단체를 조사했고 이들을 13계통으로 분류했다.[4] 이러한 연구의 결과물이 바로 《韓國新興宗敎摠監》인 것이다.

특히 이강오는 새로운 종교 단체들이 끊임없이 생겨나고 소멸되는 점에 주목한다.[5] 어떤 단체들은 발전하여 하나의 체계적인 종교를 이루기도 하지만, 많은 경우 조직의 형태를 갖추기도 전에 운동 그 자체로 존속하다가 소멸되어 왔다는 것이다. 이러한 관점에서 새로운 종교 단체 모두를 '신종교'라는 이미 조직화된 기성 종교와 같은 의미로 개념화하는 일부 학계의 분류 방법은 각기 다른 발전 단계에 있는 다양한 새로운 종교 단체를 포괄적인 동시에 세분화하여 다루지 못하고 지나치게 일반화한다는 점에서 비판받을 수 있다. 실제로 체계화 단계에 아직 이르지 못했거나 주류 사회로부터 인정받지 못하고 부정적인 이미지로 인한 주변 사회와의 긴장과 갈등 관계가 지속되고 있는 종교 단체들이 자신들을 '신종교'로 규정하면서 자신들의 이미지 변화를 시도하고 있는 현실에서 '신종교'라는 용어의 사용은 신흥종교 운동들에 대한 연구 범위를 오히려 축소시키고 혼란을 야기할 수 있는 위험성을 내포하고 있다. 오히려 '신흥종교 운동'이라는 용어가 각기 다른 발전 단계에 있는 종교 단체들을 포괄적으로 표현하고 있다고 볼 수 있다.

이강오는 신흥종교 운동 단체를 조사하는 과정에서 말세의 구세주 또는 재림 예수라고 주장하는 창교주나 지도자를 200여 명을 만났으나 그중 이미 150명이 죽었다고 밝히면서, 이들 단체의 혹세무민의 성격을 강조한다. 또한 한말 이후 많은 신흥종교 운동들이 발흥한 이유에 대해 첫째로, 사회적, 정치적, 경제적 등의 혼란에서 비롯된 위기 위식으로 말미암아 많은 사람들이 새로운 구세주나 지도자의 출현을 요구하게 되었고, 둘째로, 당시 기성 종교인 유교와 불교가 부패하여 종교의 기능을 잃어버렸으며, 셋째로, 종교와 사상의 자유로운 신장이 이루어졌기 때문이라고 설명한다.

이강오는 이러한 신흥종교 운동들의 유형을 창조형(創教型), 개조형(改組型), 분파형(分派型), 조합형(調合型), 기업형(企業型, 또는 위조형(僞造型))으로 분류하는데, 이러한 이강오의 분류법은 놀랍게도 스타크와 베인브리지의 연구 성과를 넘어서는, 훨씬 다양하고 정확한 분류법인 것을 발견할 수 있다. 먼저 '창조형'은 "독창적인 교의를 가지고 새로운 교단을 만든 것"으로 '컬트' 개념과 유사하며, 둘째로 '개조형'은 "기성 종교 가운데 어떤 한 교단의 교의를 교주 나름대로 새롭게 고쳐 교단을 만든 것"으로 '섹트'의 개념과 비슷하고, 셋째로 '분파형'은 "이미 만들어진 교단에서 교의는 그대로 둔 채 외형만을 바꾼다거나 운영 형태만 달리하여 이루어진 교단"을 가리키는 것으로 '교파'(denomination)의 개념과 비슷한 것을 알 수 있다. 나아가 이강오는, '조합형'은 "이 교단 저 교단의 교의를 적당히 조합하여 이루어진 교단"을 가리키며, '기업형'이란 "생업을 목적으로 교단을 임의로 만든 것을 가리키는데 일종의 사이비종교"라고 할 수 있다고 그의 분류 유형을 확장하고 있다.[6] 이와 함께 이강오는 이들 신흥종교 단체들의 교리에서 말세론(종말론), 지상 천국론과 종주국론, 교주의 신격화, 신비 체험과 치병론을 그 공통점으로 들면서 이들 종교 단체들의 사회적 역기능을 설명한다.[7]

특히 이강오가 주장하는 신흥종교 성립의 기본 요건을 보면 북미 대표적인 신흥종교 운동 연구 기관인 산타바바라 캘리포니아대학교 (University of California, Santa Barbara)의 종교 연구소(The Center for the Study of Religion)의 연구 결과와 놀라운 유사성을 보여 준다. 이는 신흥종교 운동들이 문화와 지역적 차이에도 불구하고 보편적인 종교적 특성들을 지니고 있음을 보여 준다. 신흥종교 단체들의 특징에 대해 이강오는 "구세주의 출현(prophet)", "종래에 볼 수 없었던 새로운 교리(promise)", "이상 세계의 개벽(plan)", "사회적 상황(possibility)", "신도의 이탈을 막기 위한 일정한 근거지로서의 집단 신앙체(place)"를 공통점으로 들고 있다.[8] 이강오는 세계적인 수준의 통찰력을 가지고 한국의 신흥종교 운동을 현장 중심으로 연구했다.

이강오의 신흥종교 운동에 깊은 영향을 받아 기독교 관련 신흥종교 운동을 연구한 제자가 바로 탁명환(1937-1994)이다. 기독교 관련 신흥종교 운동들에 대한 연구 성과와 관련하여, 이강오는 그의 제자인 국제종교문제연구소 탁명환으로부터 도움을 받았음을 밝히고 있다.[9] 탁명환은 이강오의 영향을 받아 한국의 신흥종교 운동에 대한 연구를 본격화했으며, 그

중에서도 기독교계의 신흥종교 운동 단체들에게 비상한 관심을 가졌다.[10]

탁명환의 신흥종교 및 기독교 이단 연구

초기 한국 교회의 이단 연구는 탁명환을 중심으로 이루어졌다. 기독교의 전통적인 가르침에서 벗어난 소위 기독교 이단들로 분류되는 반사회적이고 범죄적인 단체들이 탁명환의 주요한 연구 대상이 되었다. 탁명환은 1956년 전라북도 일원에 일어났던 영주교라는 신흥종교 운동을 목격한 것을 시작으로 그의 전 생애를 통해 50여 개의 신흥종교 운동들과 기독교 이단 운동들을 조사 연구했다. 이 과정에서 그는 70여 차례의 테러를 받았고, 그의 죽음도 결국은 이러한 테러를 통해서였다.

탁명환은 1964년 한국의 신흥종교와 기독교 이단 운동의 연구를 시작한 이래 수많은 강연과 세미나를 통해 반사회적이고 범죄적인 사이비종교를 발굴 폭로함으로써 수차례나 사회의 경종을 울려 왔고 이를 위해 한국신흥종교문제연구소(이후 국제종교문제연구소)와 월간 〈성별〉(현 〈현대종교〉)을 운영해 왔다. 무엇보다도 그는 왕성한 연구와 저술 활동을 통해《기독교 이단 연구》등 26권의 신흥종교 운동과 기독교 이단 관련 서적들을 집필 출간했다. 이 책들은 한국의 신흥종교 운동들뿐만 아니라 세계의 신흥종교 운동들을 접근하는 데 중요한 안내자 역할을 하고 있고, 이 중 여러 언어로 번역된《기독교 이단 연구》는 일반인들과 학계에서 널리 참고되고 있으며,《한국의 신흥종교》1-3권은 중앙일보가 세기말을 진단하기 위해 특별 기획한 "1999년에 묻는다"에서 한국의 신흥종교에 관한 종교 부문 필독서로 추천되기도 하였다.[11]

탁명환은 1993년 10월에 "마지막 유언하는 심정으로 썼다"는 그의 마지막 책이 된,《저 들녘에 이름 없는 들풀처럼》이란 제목의 그의 미완성 자서전을 출간하였다. 탁명환은 그의 유언처럼 되어 버린 이 책에서 그의 연구 활동에 얽힌 많은 이야기들을 상세하게 기록하고 있다. 어떤 다른 책들보다도 이 자서전을 통해 우리는 탁명환이 왜 신흥종교 운동과 기독교 이단 운동에 관한 연구를 시작했으며, 어떤 평가 기준을 가지고 그의 연구를 진행했는지 알 수 있으며, 동시에 1970-1980년대의 한국 기독교 신흥종교 운동의 실체를 생생하게 접할 수 있다.

탁명환은 1994년 2월 19일 새벽 대성교회 교인이었던 임홍천의 칼에 그의 파란만장한 생을 마감하였다. 평소 그의 유언대로 그의 장기들은 필요한 사람들에게 기증되었고 그의 시신은 연세대학교 의과대학에 기증되어 학생들의 해부학 실습을 위해 사용되었다. 현재 그의 골격 표본은 최이순(전 적십자사 부총재)과 공병우(의학 박사)의 그것들과 함께 연세대학교의 의학도들 곁에 영원히 남게 되었다. 그의 죽음 후 대한예수교장로회(통합)는 그의 뜻을 기리고 한국 교계를 지키며 이단사이비를 막는 데 표본이 되고자 하는 마음으로 탁명환을 순교자로 추대했고 그의 영정과 기념비가 한국 기독교순교자기념관에 남아 있다.

탁명환의 종교 문제 연구가로서의 활동은 크게 세 분야로 분류될 수 있다. 첫째로, 탁명환의 종교 문제 연구의 처음 시작에서 보이듯, 그의 초기 관심은 순수한 신흥종교 운동에 대한 연구였다. 그는 신흥종교 운동들에 대한 사실적 접근과 연구로 그 종교 연구가로서의 첫발을 내딛게 된다. 그의 연구는 계룡산 신도안의 신흥종교 운동들에 대한 연구를 통해 1967년부터 본격화되었다. 그가 신흥종교에 결정적인 관심을 기울이게 해 준 책이 바로 무라야마 치준의 《조선의 유사종교》였다. 이 당시 그의 연구는 언론인으로서 있는 그대로의 모습을 사회에 객관적으로 소개하는 것이 주된 목적이었다. 탁명환의 신흥종교 운동에 관한 생각은 "모든 신흥종교 운동들이 옳고 그르다고 전체적으로 판단해서는 안 되고, 개인과 사회의 질서를 부정하거나 파괴하는 종교적 이단성이 문제가 된다"는 그의 주장을 통해 이해된다.[12]

하지만 그 이후 이러한 그의 의도는 용화교와 동방교 등의 혹세무민의 반사회적이고 범죄적인 신흥종교 운동들을 접하면서 그리고 그 주변의 피해자를 통해서 반사회적, 범죄적 신흥종교 운동이라는 새로운 분야로 연구의 방향과 폭을 넓히고 1970년 신흥종교문제연구소를 설립하게 된다.[13] 이때부터 탁명환은 일부 타락한 신흥종교 운동들의 반사회적 범죄 행위를 사회에 고발하고 그 대책을 세우는 일에 몰두하는 한편 이로 인해 많은 폭력과 테러를 겪게 된다.

마지막으로 탁명환의 활동은 그의 종교적 배경과 관련하여 기독교 관련 신흥종교 운동들에 관한 연구에 그의 비상한 관심을 집중하게 되고 그 교리적 이단성을 밝히는 활동에 많은 초점을 맞추게 된다. 이 시기에 탁명환은 소위 기독교의 정통적 교리와 신앙생활 규범에서 벗어나는 신흥종교 운동들의 활동에 주목하고 그들의 이단적 교리를 밝히는 한편 반사회적이고 범죄적일 경우에는 그 종교적, 사법적 대응을 신속히 하였다.

탁명환은 처음 두 분야와는 달리 이 마지막 세 번째 연구 분야인 기독교 이단 연구를 통해 개인적 어려움을 겪게 된다. 왜냐하면 초기의 신흥종교 운동들에 관한 연구와 그 이후의 반사회적이고 범죄적인 집단에 대한 연구가 사회와 종교계 대부분의 동의와 협력을 얻었던 것과는 달리 주로 교리(belief)와 종교 생활 규범(practice)을 다루게 되는 기독교 이단 문제에 관한 연구는 훨씬 더 복잡하고 다양한 문제들을 만들어 냈기 때문이다. 즉 한 신흥종교 운동의 반사회적이고 범죄적인 성향이 명백하게 드러났었던 때의 경우들과는 달리, 교리와 종교 생활 규범에 관한 옳고 그름의 문제는 종말론과 구원론과 계시론 등의 까다로운 신학적 주제들을 다루어야만 했기에 각 교파와 사회의 전반적이고 포괄적인 이해를 얻기가 쉽지 않았다. 게다가 바라보고 평가하는 당사자들이 소속한 교회나 종단의 이해관계에 따라 기독교 이단 운동에 대한 이해와 평가가 수시로 변할 수 있었기 때문이다. 실제로 일부 기독교 관련 신흥종교 운동은 일부에서는 긍정적으로 또 다른 한편에서는 부정적인 이단 운동으로 각기 다르게 이해되는 경우가 있었고 이에 따른 논쟁들이 장기간 지속되는 경우가 많았다.

특히 이 시기는 군사 정권하에서 권력과의 연결을 통해 그 세력을 확장하며 보호받던 일부 신흥종교 운동들이 군사 정권이 물러난 후 한국 사회가 그 사회 문화적 획일주의에서 벗어나기 시작하자 다양화하는 사회 분위기에 편승하여 그 활동의 폭을 넓혔던 시기와 일치한다. 이로 인해 교리와 종교 생활 규범이 다르다는 것을 이유로 소위 이단 논쟁이 일어나는 경우에는 그 해결이 쉽지만은 않은 상황으로 접어들었다.

이로 인해 한 신흥종교 운동이 반사회성과 범죄성이 분명한 경우에는 사회적 심판을 받았으나 그렇지 않은 경우는 개교단이나 종파의 이단 규정을 통해 종교적 처벌을 받는 것만으로 그 규제가 그치게 되었다. 때로는 이단을 규정하는 교단 자체의 문제로 인해 이단 규정은 그 공신력을 상실할 때도 있었다. 예를 들면 한 장로 교단은 서울의 한 대형 교회의 목사를 '이단성이 있다'고 그 소속 교인들에게 주의를 주었으나 얼마 지나지 않아 그 교단도 참가한 대규모 연합신앙집회에서 그 목사의 설교를 들어야만 했던 일도 있었다. 한국 사회의 종교 문화의 다양성과 한국 교회의 교파주의적 특성 그리고 이로 인한 공신력 있는 이단 규정 주체의 부재 현상이 두드러진 시기였다.

하지만 이러한 어려움에도 불구하고 기독교 이단 관련 분야의 연구 활동에서도 탁명환은 그 자신의 원칙을 가지고 연구를 계속했다. 그는 자서전 서문에서 다음과 같이 밝힌다.

> 내가 걷는 길이 칭찬과 비난이 엇갈린 험한 길이지만 나는 내가 살아 있는 동안 평가되리라고 생각지 않는다. 언젠가 내가 죽은 후 내가 한 일들이 정당하게 평가될 날이 올 것을 믿는다. 사람들이 나를 어떻게 보고 있느냐에는 관심을 기울이지 않는다. 하나님이 나를 어떻게 보시고 평가하느냐가 문제일 뿐이다. 그렇게 생각하고 사니까 어느 누구의 눈치를 보지 않아서 좋다. 내가 하는 일이 칭찬도, 오해도 받을 소지가 있는 일이다. 그러나 누가 나를 칭찬한다고 우쭐거리지도 않고 나를 오해하고 모략한다고 해서 낙심하지도 않는다.[14]

탁명환은 이후 그의 신흥종교 운동과 반사회적, 범죄적 신흥종교 운동에 대한 연구를 통해 얻어지고 축적된 경험과 자료를 바탕으로 그는 기독교 이단 연구에 더욱 박차를 가하였다.

탁명환의 연구 활동은 21세기 한국 교회가 고려해야 할 몇 가지 중요한 교훈을 남겼다. 첫째로, 탁명환의 신흥종교와 기독교 이단에 대한 초교파적인 연구 활동은 교파주의가 그 특징인 한국 교회에서 반사회적, 범죄적 이단사이비 단체들에 대한 대책 마련에서 긍정적인 한 모델이 되었다.

즉 현대의 사회 문화적 상황에 맞고 종파적 이해관계나 편견에서 자유로우며 실제적인 도움으로 사회적 공신력을 얻을 수 있었던 탁명환의 연구 활동은 다가오는 21세기의 신흥종교 운동 및 기독교 이단 연구에서도 지켜져야 할 중요한 성격인 것을 우리에게 확인시켜 주었다.

반면에 둘째로, 탁명환의 연구 활동은 신흥종교 단체와 기독교 이단 단체들의 끊임없는 생성과 소명을 어렵지 않게 예견할 수 있는 현 상황에서 개인 혼자만의 연구가 얼마나 힘들고 위험한지를 또한 우리에게 보여 주었다. 예를 들어, 군사 정권의 비호를 받던 유병언 구원파를 파헤치던 중 오히려 검찰에 피의자 신분으로 출두해 조사를 받게 되자, 탁명환은 다음처럼 유언과 같은 양심 선언을 한다.

나는 밤을 지새우면서 하나님께 매달려 기도하면서 마지막 유서나 다름없는 양심 선언서를 씁니다. 시시각각으로 다가오는 신변의 위험 속에서 나는 어떤 일이 있어도 자살을 택할 아무런 이유가 없으며 내 신변에 이상이 생기면 세모의 유병언의 소행임을 밝히면서 그 죄상을 첨부합니다.[15]

탁명환의 양심선언서는 개인 연구의 위험성을 고려할 때, 21세기의 신흥종교 단체와 기독교 이단 단체들에 관한 연구는 개인적인 것보다는 공신력을 지닌 범사회적, 초교파적 연구 기관이 필요하다는 것을 보여 준다.

나아가 마지막으로 신흥종교나 기독교 이단에 관련된 문제가 우리 국내 문제만이 아니므로 앞에서 언급한 국제적 공신력 있는 연구 기관들 혹은 학자들과의 연대도 앞으로의 중요한 과제다. 이러한 측면에서 탁명환이 모든 교파와 종파를 넘나들며 펼쳤던 초교파적인 연구 활동과 세계 각국에서의 강연 활동들은 그 중요한 의미를 갖는다고 할 수 있다.

무엇보다도 탁명환이 그의 연구에서 보여 준 용기와 끈기는 놀라운 것이었다. 수많은 폭력과 테러도 그의 활동을 멈추게 하지 못하였다. 때로는 1978년에 정보부와 측근들에 의해 이루어진 '통일교 사과문 파동'과 같은 어려운 시간에도 주위의 비난과 외면에도 불구하고 그는 완전히 좌절하지 않았고 오히려 구약 성서에 나오는 예언자인 엘리야가 로뎀 나무 아래서 죽기를 간구하였던 것과 똑같은 심정으로 하나님 앞에 다시 서고자 노력하였고, 결국은 순교로써 그 빚 아닌 빛을 청산하였다.

아쉬운 것은 탁명환의 삶과 활동을 곁에서 지켜보며, 또한 그의 저술들을 통해 볼 때 탁명환이 겪은 가장 큰 어려움은 반사회적, 범죄적 신흥종교 운동들이나 기독교 이단들이 아닌, 그가 속해 있던 기성 교회의 무관심이었는지도 모른다는 사실이다. 그가 어려움에 처하였을 때 목사가 아니었기에 기성 교단의 보호를 제대로 받지 못하였으며, 그의 연구 실적이 어느 누구보다 많았지만 박사 학위 소지자가 아니었기에 학계의 충분한 인정을 받지 못했다.

이러한 그의 외로운 연구 활동이 그의 사후에 자세히 소개되자 그의 죽음 이후 일부 기독교 지도자들을 중심으로 탁명환의 죽음을 기성 교회의 자성과 개혁의 기회로 삼자는 목소리가 높았다. 왜냐하면 기성 교회의 문제 해결을 뒤로한 채 반사회적, 범죄적 신흥종교 혹은 이단 운동에 대한 해결책을 강구하는 것은 미봉책에 불과하다는 인식을 하였기 때문이었다. 그의 빈소에 노구를 이끌고 찾았던 고 한경직 목사가 "이단이 탁명환을 죽인 것이 아니라, 우리 무관심했던 한국 교회가 그를 죽인 것"이라고 슬퍼

하였던 사실도 이러한 필요성을 뒷받침하고 있다.

탁명환은 그가 숨지기 한 달 전 1994년에 쓴 그의 새해 인사 편지에서 "하나님께서 언제까지 부족한 저를 쓰시려는지 알 수 없으나 사명 다할 때까지 이 생명 지켜 주시리라 믿습니다"라고 고백하고 있다.[16] 이렇게 순간순간을 마지막으로 생각하며 격동의 한국 현대사를 열정적으로 살았던 종교 문제 연구가 탁명환은 1994년 2월 19일 새벽 0시 10분에 하나님의 부르심을 받았다.

이단 연구의 전망

지난 한 세기 동안의 서양과 한국에서의 새로운 종교 단체들에 대한 연구를 통해 가치 중립적인 '신흥종교 운동'이라는 용어의 사용이 폭넓게 받아들여지고 있다. 이러한 신흥종교 운동들 중 기독교 관련 단체들은 성서와 신앙 고백을 기준으로 하여 신학적으로 이단(heresy)으로 분류되거나, 혹은 그 반사회성과 범죄성으로 인해 사이비종교로 분류되고 있다.[17] 미국에서는 1960년대 후반부터 '안티컬트 운동'(Anti-Cult Movement)이 일어났는데 이 운동은 주로 신흥종교 운동에 가담한 자녀들을 둔 부모들을 중심으로 일어난 사회 운동이며, 관련 신흥종교 운동들을 없애고자 하는 것이 이들의 주요한 목적이었다. 한편으로는 기독교계를 중심으로 '카운터컬트 운동'(Counter-Cult Movement)도 함께 일어났는데 이 운동은 주로 신흥종교 운동들의 기독교적 이단성을 밝히는 한편 기독교 신자들을 정통 교리에서 벗어난 이들로부터 보호하는 것을 그 목적으로 하고 있다.[18]

특히 기독교가 한국에 전래될 때 미국의 교파주의와 함께 신흥종교 운동들도 함께 들어온 까닭에 한국 교회는 그 성격이 구형되었던 일제하로부터 소위 이단 관련 문제로 인한 어려움을 겪게 된다. 이로 인해 미국과 마찬가지로 한국 교회 내에서도 개인 혹은 단체의 카운터컬트 운동이 계속되어 왔다. 하지만 이 운동이 갖는 그 교파주의적, 호교론적 성격으로 인해 이단 규정의 공신력 문제에 관한 많은 논란이 한국 교회 내에 있어 왔던 것도 사실이다. 1999년 만민중앙교회 신도들의 문화방송 난입 사건 이후, 언론들이 기성 교단 내부의 투명성을 먼저 확보해야 하며 이와 동시에 개교단 차원보다는 사회적으로 공신력 있는 신흥종교 연구 기관을 육성해서 객관성 있는 연구를 통해 얻어진 관련 자료를 축적 제공하는 역할을 할 수 있도록 해야 한다고 주장한 것도 이러한 것을 배경으로 하고 있다.

탁명환의 이단 연구는 한국 교회 이단 연구의 한 획을 그었다. 그의 연구는 안티컬트 운동이면서도 카운터컬트 운동이었으며, 그의 현장 중심적 연구 활동은 종교 사회학과 신학 분야에서 중요한 학문적 공헌을 하였다. 무엇보다도 탁명환의 초교파적인 종교문제연구소의 운영과 이를 통한 연구 활동은 그 활동 범위와 영향력에서 강단 교류에 아직도 소극적인 개신교 각 교파들에 의한 이단 연구 활동에 비해 상대적으로 효과적인 영향력을 갖고 있었음을 부인할 수 없다. 그 실례로 일단의 신흥종교들 혹은 기독교 관련 이단 집단들이 사회 문제화될 때는 각종 언론들에 의해서 항상 그의 견해가 제일 먼저 취재되었고 그에게서 제공된 자료들이 주요한 보도 자료로 사용되었음을 볼 수 있다. 하지만 초교파적인 연구소의 활동은 경제적인 측면과 안전성에서 많은 한계를 가지고 있는 것도 사실이다.

이러한 장점과 현실적 한계들을 고려해 볼 때, 국가와 교회와 관련 학계가 공동으로 지원하여 운영하는, 아일린 바커의 인폼의 활동이 우리에게 시사하는 바가 크다. 어느 한쪽의 영향력에 치우치지 않고 객관성과 공신력을 인정받을 수 있는 이러한 연구 기관이 한국 교회와 사회에 필요하다. 이러한 연구 기관의 활동을 통해 다양한 교파들과 다양한 사회의 이익 집단들과 국가 기관이 신속하고, 정확하고, 객관적인 필요한 정보를 제공받아 각자의 필요에 따라 활용할 수 있는 것이다. 그리고 이러한 활동이 교회와 사회의 신뢰를 쌓아 갈 때 건전한 신흥종교 운동들은 성장 발전할 수 있고, 반면에 반사회적이고 범죄적인 신흥종교 단체들과 이단사이비 단체들은 자연스럽게 스스로 소멸될 것이다. 또한 스티븐 하산의 예에서 나타나는 것처럼, 21세기 한국 교회의 이단 연구는 이단 비판과 대처를 넘어 이단 피해의 회복과 치유에 초점이 맞춰져야 한다. 이단 대처의 본질은 '정죄'와 '분리'가 아니라, '치유'와 '회복'이다.

•
註

1. 村山智順, 《朝鮮の 類似宗敎》 (조선 총독부, 1935).
2. 이강오, 《韓國新興宗敎摠監》 (도서출판 대흥기획, 1992), 25.
3. 앞의 책, 5.
4. 13계통은, 동학계, 남학계, 흠치계, 단군계, 찬물교계, 각세도계, 불교계, 기독교계, 일실도계, 계통불명, 무속종신계, 연합계, 외래계 등이다.
5. 앞의 책, 6.
6. 앞의 책, 9.
7. 앞의 책, 9-10.
8. 이강오, 《韓國新興宗敎摠監》, 35-39.
9. 앞의 책, 10.
10. 탁명환, 《한국의 신흥종교: 기독교편 1권》 (국제종교문제연구소, 1972), 33-47. 이는 신흥종교 단체들에 대한 연구 방법론에서 이강오와 탁명환의 견해가 일치하고 있는 것을 알 수 있다.
11. "다시 종교의 시대는 오는가- 갈림길에 선 우리 종교", 중앙일보 (1999. 1. 7).
12. "종교, 무엇이 문제인가", 〈한겨레21〉 259호 (1999. 5. 27).
13. 탁명환, 《한국의 신흥종교: 기독교편 1권》 (국제종교문제연구소, 1972), 33.
14. 탁명환, 《저 들녘에 이름 없는 들풀처럼》 (국종출판사, 1993), 5.

15. 탁명환,《세칭 구원파의 정체》(국제종교문제연구소, 1991), 90.

16. 1994년 1월 5일자 탁명환의 새해 인사 편지.

17. 역사 신학자인 이형기는 이단의 기준에 대하여, "1차적인 표준은 복음과 성경이고, 2차적으로는 사도 신경을 표준으로 삼아야 하며, 그 다음으로는 신앙 고백서를 표준으로 삼아야 한다"고 설명한다. 2001년 3월 19-20일에 연동교회에서 열린 사이비 이단 대책 세미나, 한국기독공보 (2001. 3. 31)에서 재인용.

18. 한국에서의 '안티컬트 운동'은 정치 권력에 의해서 주도된 예들이 발견된다. 특히, 일제하의 유사종교 단속과 제5공화국 당시의 소위 620사업을 통해 신흥종교 운동들이 자취를 감춘 예들이 있었다.

유럽과 북미의 이단 연구

종교 사회학자들의 신흥종교 운동 연구

유럽과 북미에서와 마찬가지로 한국 교회의 이단 문제를 연구하기 위해서 가장 시급한 문제는 이단 연구 대상 단체를 지칭하는 용어들의 정의 (definition)와 분류(classification)이다. 새로운 종교 운동들은 교리적, 교파적, 신학적, 혹은 종교 사회학적 입장의 차이로 인해 그 숫자만큼이나 다양하게 묘사되고 있다. 예를 들면 유사종교, 신흥종교 운동, 신종교, 사교, 사이비종교, 이단 등의 용어들이 사용된다. 이는 서양도 마찬가지여서 지난 세기 동안에 많은 종교 사회학자들과 신학자들은 church, denomination, sect, cult, new religious movements, pseudo-religion, quasi-religion 등의 용어들을 중심으로 종교 집단의 정체성을 규명하고 분류하는 데 그 관심을 집중해 왔다. 이러한 용어의 정의(definition)와 분류(classification) 및 올바른 사용

(application)이 중요한 이유는 그것이 '한국 교회 이단 연구의 범위'를 설정해 주기 때문이다.

동서양을 막론하고 새로운 종교 운동 단체들은 언론과 학계 그리고 종교계와 일반인들에 의해 다양한 이름으로 묘사되어 왔으며, 그 명칭과 분류에서 견해의 일치를 쉽게 보지 못해 왔다. 특히 종교 문화의 다양성을 그 특징으로 하는 한국 사회에서 용어 사용과 유형 분류에서의 의견 일치는 더욱 쉽지 않았다.

지난 100년이 넘도록 유럽과 북미의 종교 사회학 분야의 학자들은 다양한 새로운 종교 운동들에 대한 분류를 시도해 왔는데, 이러한 노력으로 인해 세 가지 분류 유형으로 정리할 수 있다.

첫 번째 분류 유형은 '새로운 종교 단체와 그 주변 사회의 긴장과 갈등'에 초점을 맞춘다. 즉 '교회'(church)는 주변 사회와 낮은 수준의 긴장과 갈등 관계를 갖고 있지만, 반면 '섹트'(sect)는 상대적으로 높은 수준의 긴장과 갈등 관계를 갖고 있다는 이론이다. 이 유형은 '교회-섹트 분류 유형'(church-sect typology)이라고 분류되며, 막스 베버(Max Weber, 1864-1920), 에른스트 트뢸치(Ernst Troeltsch, 1865-1923), 리처드 니버(Richard Niebuhr, 1894-1962), 벤톤 존슨(Benton Johnson, 1928-) 등에 의해 발전되어 왔다.

이 분류 유형은 막스 베버에 의해 처음 소개됐다. 베버는 교회와 섹트를 분류하면서, 교회는 출생과 더불어 자연스럽게 의무적으로 가입되는 조직인(an endowed foundation) 반면, 섹트는 일정한 가입 자격을 갖춘 사람들이 스스로 자원해서 모인 조직이라고 분류한다(a voluntary association).[1] 이러한 분류 유형을 베버의 동료인 에른스트 트뢸치가 발전시킨다. 트뢸치는 이상적인 형태의 교회와 섹트를 18세기 후반부터 19세기 초반의 유럽의 다양한 종교 집단들을 분류하는 데 사용한다. 트뢸치는 '교회 유형'(church-type)과 '섹트 유형'(sect-type)을 '조직 형태'와 '사회와의 관련성'과 '기독교 안의 초자연적 주제들에 대한 견해'를 근거하여 분류한다. 그는 교회는 규모가 크고 보수적이며 국가와 지배 집단과 관련되어 있으며 세속적인 반면, 섹트는 상대적으로 규모가 작고 하층 계급과 관련되어 있으며 금욕주의적이라고 설명한다.[2]

리처드 니버도 베버와 트뢸치의 분류 방법을 따른다. 니버는 교회를 '가족처럼 자연적으로 이루어진 사회 조직'(a natural social group akin to the family)으로, 섹트를 '스스로 자원해서 이루어진 모임'(a voluntary association)으로 분류하는 한편 양자 간의 긴장과 갈등에 주목한다.[3] 니버는 또한 교회가 섹트화하고 섹트가 교회화하는 끊임없는 변화에 대해 미국의 교회들과 섹트들을 예로 들면서, 유럽의 교회들이 신대륙에 와서는 섹트가 되었으며 신대륙에 새로운 사회 질서가 성립된 후 이 섹트들은 다시 교회가 되었다고 설명한다.[4] 한편 벤톤 존슨은 교회와 섹트의 주변 환경에 좀 더 초점을 맞춘 연구를 진행한다. 존슨은 환경을 유형 분류에서 가장 기본적인 조건이라고 전제하고 주변 사회와의 갈등 정도에 따라서 교회 유형과 섹트 유형을 분류해야 한다고 주장한다. 즉 존슨에 의하면 교회는 사회적 조건을 받아들이지만, 섹트는 그 조건을 거부함으로써 주변 사회와 갈등하게 된다는 것이다.[5]

이러한 분류 유형에 대해 미국 사회의 개인주의와 종교에 대한 독창적인 연구로 주목을 받는 로버트 벨라(Robert N. Bellah)는 그의 명저 *Habits of the Heart: Individualism and Commitment in American Life*에서 베버와 트뢸치와 니버의 연구가 종교와 사회에 관한 연구에서 많은 공헌을 한 것은 사실이나 이들의 분류 유형이 유럽이 아닌 미국 사회에 적용하는 데 무리가 있다고 지적한다. 그는 미국에서의 교회 형태는 유럽의 교회와는 성격이 다르며 미국에는 이상적인 교회 형태가 아닌 섹트 혹은 교파(denominations)의 형태가 주류였다고 설명한다. 벨라는 미국 사회에서의 섹트의 영향력에 대한 긍정적인 평가를 하면서 섹트를 미국 사회의 개인주의의 주요한 기초로 본다.[6]

하지만 1960년대부터 이러한 고전적인 교회와 섹트 유형으로는 분류할 수 없는, 예를 들면 통일교와 같은, 전혀 다른 형태의 새로운 종교 단체들이 나타나게 된다. 이로 인해 로드니 스타크와 그의 동료들은 새로운 분류법을 사용하게 되었다. 그들은 '컬트'라는 제3의 개념을 도입하여 기성 종교와 무관하게 독창적으로 시작된 형태의 새로운 종교 단체를 설명한다.

두 번째 분류 유형은 '새로운 종교 단체와 기성 종교의 연관성'에 초점을 맞추고 있으며, 이러한 이론은 로드니 스타크(Rodney Stark)와 그 동료들에 의해 발전되었다. 예를 들면 '섹트'는 기성 종교와 연속적인 관련성(renovate)을 갖고 있으나, 반면 '컬트'(cult)는 기성 종교와 비연속적이고 무관한(innovate) 운동을 의미한다고 주장한다.

로드니 스타크와 윌리엄 베인브릿지(William Sims Bainbridge)는 새로운 종교 단체들의 분류에 필요한 개념들을 정리하면서 1979년에 "Of Churches, Sects, and Cults: Preliminary Concepts for a Theory of Religious Movements"라는 중요한 논문을 발표했다.[7] 이 논문에서 스타크와 베인브릿지는, 교회 분열을 통해 시작된 새로운 종교 단체를 '섹트'로, 그리고 기존의 종교와 무관하게 스스로 시작된 새로운 종교 단체를 '컬트'라고 정의

한다. 스타크와 베인브릿지는 '교회-섹트 분류 유형'에 대해 평가하면서 베버와 니버의 분류 유형에 문제를 제기한다. 그들은 '교회-섹트 분류 유형'이 교회와 섹트 유형과는 다른 새로운 종교 단체들을 설명하기 어려우며 오히려 교회와 섹트로의 도식적인 분류로는 다양한 형태의 새로운 종교 단체의 유형을 효과적으로 분류할 수 없다고 비판한다.[8]

한편 스타크와 베인브릿지는 교회와 섹트의 분류에서 주변 사회 환경과의 관련성을 강조한 존슨의 견해를 긍정적으로 받아들이면서, 사회 문화적 환경과 상대적으로 낮은 단계의 긴장 관계를 갖고 있는 것을 교회 운동(church movements)으로, 그리고 높은 단계의 긴장 관계를 갖고 있는 것을 섹트 운동(sect movements)으로 정의한다.[9] 나아가 스타크와 베인브릿지는 '교회-섹트 분류 유형'의 한계에 주목하고, 제3의 개념인 '컬트'를 도입한다.

이들에 의하면 섹트와 컬트는 모두 그들의 사회 문화적 주변 환경과 긴장 관계를 유지한다는 유사점이 있지만, 섹트는 기존의 종교 운동과 연관되어 있으며 섹트가 시작되기 위해서는 기존 종교에 소속된 누군가가 새로운 종교 단체를 일으킬 목적으로 그 소속 종교로부터 탈퇴함으로써 시작하거나 기존 섹트로부터 분리함으로써 시작되는 반면에 컬트는 자생적이든 외부로부터 수입되었든 간에 기존의 종교와 아무런 연관성이 없이 독창적으로 시작한다고 설명한다.[10]

스타크와 베인브릿지는 또한 컬트를 '어디언스 컬트'(audience cults), '클라이언트 컬트'(client cults), '컬트 무브먼트'(cult movements)의 세 종류로 구분한다. 첫째로 '어디언스 컬트'는 UFO 컬트처럼 비조직적인 형태의 컬트로서 그 멤버들은 실제로 모임을 갖는 것보다 잡지, 책, 신문, 라디오, 텔레비전 등을 통해 그 관심을 공유한다. 둘째로 '클라이언트 컬트'는 사이언

톨로지(Scientology)처럼 '어디언스 컬트'보다는 좀 더 조직화된 컬트이지만 그 멤버들은 종종 다른 종교 운동이나 기관의 일원인 경우가 많다. 마지막으로 '컬트 무브먼트'는 통일교처럼 그 멤버들이 정기적으로 모이는 컬트다.[11] 스타크와 베인브릿지는 컬트가 형성되기 위해서는 먼저 새로운 교리가 만들어져야 하며, 둘째로 사람들에 의해 받아들여지는 것이 중요하다고 설명한다.[12]

하지만 스타크와 베인브릿지의 새로운 종교 단체에 대한 유형 분류의 이론화 노력에도 불구하고 섹트나 컬트라는 개념에 부정적인 가치 판단이 내포되어 있다는 실제적인 비판이 다양한 분야의 학자들에 의해서 제기되었다. 이들은 가치 중립적 개념으로서 '신흥종교 운동'(new religious movement)이라는 새로운 용어를 사용하기 시작하였다.

마지막으로 세 번째 분류 유형은 1960년대 이후 나타난 현상으로, 다양한 학문 분야의 학자들이 새로운 종교 단체들에 대해 부정적 가치 판단이 전제된 듯한 섹트나 컬트라는 용어보다 다소 가치 중립적인 '신흥종교 운동'이라는 새로운 개념을 도입해 사용해야 한다는 주장이다.[13]

새로운 시각으로 새로운 종교 단체들을 바라보려는 노력이 다양한 학문 분야의 학자들에 의해 시도되었다. 예를 들면 영국 버밍엄 셀리옥 대학(Selly Oak Colleges)의 선교와 세계기독교학교(School of Mission and World Christianity) 안의 신흥종교와교회연구소(The Research Unit for New Religions and Churches), 미국 캘리포니아 버클리연합신학대학원(Graduate Theological Union, Berkeley)의 미국 신흥종교 운동 연구소(The Center for the Study of New Religious Movements in America), "신흥종교 운동 홈페이지"(The New Religious Movement Homepage)라는 뛰어난 정보 시스템을 제공하는 버지니아대학교(University of

Virginia)의 제프리 해이든(Jeffrey K. Hadden), 특히 신흥종교 운동에 대한 정확하고 실제적인 접근을 하는 런던경제대학(London School of Economics)의 아일린 바커(Eileen Barker) 등이 대표적인 기관들이고 학자들이다.

　'신흥종교 운동'이란 용어를 정의하는 데 많은 국제적인 관련 학회 및 연구 단체들의 입장은 크게 다르지 않다. 우선 세계 최대의 종교 학회인 미국종교학회(AAR, American Academy of Religion)의 '신흥종교 운동 그룹'(New Religious Movements Group)은 그룹의 목적에 대해 설명하면서 '신흥종교 운동 그룹'의 목적이 과거와 현재의 "대안적이거나 혹은 새롭게 일어나는 종교 운동"(alternative, emergent, or new religious movements)에 대한 연구를 강화하는 것이라고 밝히고 있다.[14] 이러한 "대안적이거나 혹은 새롭게 일어나는 종교 운동"은 지난 '교회-섹트 유형 분류'와 로드니 스타크의 '섹트와 컬트 유형 분류'에 해당되는 모든 새로운 종교 단체를 포함하고 있는 것을 알 수 있다. '신흥종교 운동'이란 용어를 사용하는 많은 학자들은 미국종교학회의 '신흥종교 운동 그룹'의 목적에 나타난 용어 정의를 받아들인다.

　한편 셸리옥대학의 신흥종교와교회연구소는 20세기 중반부터 발흥한 신흥종교 운동들을 전통적인 기독교의 선교와 신학에 대한 도전으로 받아들이며 다양한 지역의 모든 새로운 종교 단체들을 연구 대상으로 삼고 있다.[15] 또한 버클리연합신학대학원의 미국신흥종교 운동연구소에서 1985년에 발간된 *New Religious Movements in the United States and Canada*(미국과 캐나다의 신흥종교 운동)에서는 전통적이지 않은 모든 종교 운동들에 대해 '컬트'(cult), '신종교'(new religion), 혹은 '신흥종교 운동'이라는 용어를 혼용하여 폭넓게 사용하기도 한다.[16]

　특히 신흥종교 운동 연구에 대한 포괄적이고 유용한 자료들을 관심 있는 연구자들에게 사이버 공간을 통해 무료로 제공해 주고 있는 미국 버지니아대학교의 제프리 해이든(Jeffrey K. Hadden)은, 신흥종교 운동은 섹트와 컬트의 모든 유형을 포함하고 있으며 점차 합법적인 종교 운동으로 자리 잡아 가고 있다고 설명하면서 모든 새로운 종교 단체를 '섹트'와 '컬트'로 분류했던 기존의 원칙을 수정했다. 그는 그가 사용하던 '섹트'와 '컬트'로의 유형 분류의 문제점을 제기하면서 '섹트'나 '컬트'라는 용어는 학술적이고 가치 중립적인 용어들이 분명하지만 그 용어의 사회적 이해에서 부정적인 선입관이 내포되어 있어 혼란을 야기할 우려가 있다고 지적한다. 그 대신에 해이든은 종교적 포용력과 다양성을 고취하기 위해서 가치 중립적인 용어 사용을 제안하고 구체적으로 '섹트'나 '컬트'라는 용어 대신에 '신흥종교 운동', '종교 운동'(religious movements), 혹은 '종교 모임'(religious groups)이라는 표현을 사용할 것을 제안하고 있다.[17]

무엇보다도 현재 '신흥종교 운동'에 대한 연구를 하는 많은 학자들 중 런던경제대학의 사회학 교수인 아일린 바커는 학문적이고 실제적인 면에서 가장 뛰어난 연구 업적을 쌓았다. 바커는 영국 정부와 교회와 학계에서 인정받는 신흥종교 운동 연구의 전문가이며 가장 뛰어난 통일교 문제 전문가들 중 한 사람이기도 하다. 그녀는 정부와 교회와 학계의 공동 지원과 협조로 운영되는 인폼(INFORM)의 책임자로 있으며 영국 정부와 교회에 종교 문제에 대한 정확하고 공신력 있는 정보를 제공해 오고 있다. 이 인폼은 21세기 한국 교회가 주의 깊게 연구해 볼 수 있는 좋은 모델이다. 2000년에는 그 연구 업적이 인정받아 미국종교학회의 주강사로 초청되기도 했다.

바커는 해이든처럼 '섹트' 혹은 '컬트'는 순수한 사회학적 용어임에도 불구하고 많은 부정적인 선입관을 내포하고 있다고 전제하고, 현실적으로

비전통적인 모든 새로운 종교 단체들을 '신흥종교 운동'이라고 불러야 한다고 주장한다. 1998년에 출판된 *New Religions and New Religiosity*에서도 바커는 종교 사회학자들이 새로운 종교 단체들을 분류하기 위해 사용하는 용어들이 통일되어 있지 않은 점에 주목하고 이런 점에서 스타크와 베인브릿지의 공헌을 다시 한번 높이 평가하지만, 이들 용어에 내포된 부정적인 가치 판단을 근거로 '신흥종교 운동' 개념의 사용을 강조한다.[18] 그녀는 '신흥종교 운동'이라는 표현이 특정 종교 운동의 자기 정체성을 부인하거나 운동의 옳고 그름을 판단하기 위한 것은 아니라고 부언한다.[19] 객관적이고 공신력 있는 연구를 위해, 바커는 특정 종교 단체에 대한 정보는 연구 대상 종교 단체, 이탈자나 현재 소속원의 가족이나 친구, 전문 연구소, 대중 매체, 학계 등으로부터 포괄적이고 균형 있는 정보를 수집해야 한다고 지적한다. 바커는 결론적으로 신흥종교 운동들은 제2차 세계 대전 이후에 발흥이 가시화되었다는 점에서 새로우며(new), 기성 종교의 전통적인 가르침에 대한 답변을 시도하고 있다는 점에서 종교적(religious)이라고 정의한다.[20]

북미 교파주의와 이단

미국, 캐나다, 호주에서 온 4개 장로교와 2개 감리교 교파의 선교를 받은 한국 기독교는 교파주의를 그 운명적 특징으로 갖게 되었다. 특히 미국 교파주의의 영향을 깊게 받았다. 종교 개혁의 영향으로 인해 북미에는 그 건국 초기로부터 하나의 교회(the church)가 아닌 교파 교회들(churches/denominations)이 자리 잡기 시작했다. 남미에서는 스페인과 포르투갈을 통해 로마 가톨릭교회가 주도적으로 전래되었던 반면, 북미에서는 유럽 각지의 다양한 신앙 전통을 배경을 하는 개신교 교파들이 형성되었다.

미국 교회는 종교의 자유를 찾아 유럽으로부터 건너온 청교도들이 세운 이민자들의 교회였고, 이로 인해 교회 안에는 정교 분리의 원칙과 민족적, 문화적, 인종적, 종교적 다양성이 공존했다. 특히 국가가 개인의 신앙 자유를 침범하지 않는 정교 분리 원칙을 강조했고, 이는 다양한 교파주의 교회들이 자유롭게 식민 개척지에 정착할 수 있는 조건을 제공했다. 미국 수정 헌법 제1조 "종교, 언론, 및 출판의 자유와 집회 및 청원의 권리"는 "연방 의회는 국교를 정하거나 또는 자유로운 신앙 행위를 금지하는 법률을 제정할 수 없다. 또한 언론, 출판의 자유나 국민이 평화로이 집회할 수 있는 권리 및 불만 사항의 구제를 위하여 정부에게 청원할 수 있는 권리를 제한하는 법률을 제정할 수 없다"라고 정한다.

이러한 정교 분리 원칙과 다양성은 다른 한편으로는 미국에서 기독교 이단 단체들이 발흥할 수 있는 풍부한 토양을 만들었다. 다민족, 다문화, 다인종, 다종교, 다언어의 특징은, 나와 신앙이 다르다는 이유만으로 남의 신앙생활을 제한할 수 없는 분위기를 조성했다. 게다가 어느 한 교파가 절대적인 우위를 점할 수 없었던 교파주의의 분포로 인해 이단의 발흥을 효과적으로 제재하기도 어려웠다.

현재 미국 교파주의는 전통적인 기존 교단들의 몰락과 보수적인 신흥 교단들의 약진이라는 특징을 보여 준다. 미국의 개신교회들 중에서 가장 큰 규모의 교파는 미국남침례교회이며 그 뒤를 연합감리교회가 따르고 있다. 기독교계 신흥종교 운동인 모르몬교는 미국장로교회(PCUSA)보다도 규모가 크고, 식민지 개척 초기에 영향력을 가지고 있던 성공회는 소수 교단이 되었다. 2011년 미국교회협의회(NCCUSA)의 《미국과 캐나다 교회 연감》(Yearbook of American Canadian Churches)에 따르면 기존의 개신교회들의 규모는 감소하고 있는 반면, 한국 교회에서 이단으로 분류되는 모르몬교, 안식교, 여호와의증인 등의 교세는 증가하고 있다.

북미에서는 사회 정치적으로 보수적인 교파들이 성장하고 있으며, 앵글로색슨 계열의 개신교 백인(WASP, White Anglo-Saxon Protestant)들의 영향력 또한 줄어들지 않고 있다. 이러한 미국 교파주의는 미국 사회의 정치적 성향과 맞물린 독특한 종교 지도를 형성하고 있다.

북미 교회의 교파주의와 사회 문화적 다양성으로 인해 북미는 기독교 이단 발흥의 옥토가 되었다. 신대륙 정착 초기에는 미국 동부 지역에서 모르몬교 등의 이단들이 주로 생겨났으나, 서부 개척이 이루어지면서부터는 캘리포니아를 중심으로 한 미국 서부 지역에서 이단들이 집중적으로 발흥했다. 식민 개척지의 진취성과 불확실성은 식민지의 개척자들로 하여금 새로운 신앙에 대해 쉽게 관심을 갖고 수용할 수 있는 좋은 조건을 제공했다.

캘리포니아 지역의 신흥종교 운동 발흥에 대해 관심을 갖고 연구해 온 산타바바라의 캘리포니아대학교(UCSB) 종교 연구소는 새로운 미국 서부 지역 종교 운동들의 특징을 다음과 같이 분석했다. 첫째, 모든 종교 운동은 종교 지도자(prophet)를 필요로 한다. 둘째, 종교 지도자는 기존의 종교적 가르침과는 구별되는 새로운 가르침(promise)을 가지고 있다. 셋째, 새로운 교리뿐만 아니라 이를 현실화할 수 있는 구체적인 계획(plan)이 필요하다. 넷째, 새로운 종교 운동은 다양한 사회적 요인들로 인해 그 성패의 가능성(possibility)이 영향을 받는다. 마지막으로, 새로운 종교 운동이 성장하기 위해서는 안전하게 그들의 종교 생활을 영위해 나아갈 수 있는 장소

(place)가 필요하다. 이러한 분석(5Ps)은 기독교계 신흥종교 운동들의 성격을 규명하는 데 좋은 분석틀이 되고 있다.

미국 교파주의를 배경으로 개척 초기에 발흥한 대표적인 이단 단체들에는 예수그리스도후기성도교회(모르몬교), 제칠일안식일예수재림교회(안식교), 와치타워성서책자협회(여호와의증인) 등이 있다. 가정과 윤리를 강조하는 모르몬교는 한국 전쟁 당시 모르몬교 신도인 미군들에 의해 전래되었고, 의료, 출판, 교육 분야에서 두각을 나타내 온 안식교는 1904년 일본 안식교 신도들에 의해 전래되었으며, 가가호호 방문 등의 적극적인 포교 활동으로 유명한 여호와의증인은 1912년 한국에 전래되었다. 이들은 현재 한국 사회에서 가시적인 활동을 펼치면서 기독교인들에 대한 적극적인 포교 활동을 하고 있다.

이들과 함께 종교적 관용(religious tolerance)을 특징으로 하는 미국 사회에서는 상식적으로 이해하기 어려운 다양한 신흥종교 운동들이 끊임없는 생성과 소멸을 반복하면서 사회적 문제를 야기해 오고 있다. 남미 가이아나 인민사원(Peoples Temple)에서 짐 존스(Jim Jones)를 따르던 신도 914명이 사망한 사건, 텍사스 웨이코에서 데이비드 코레시(David Koresh)를 따르던 다윗파(Branch Davidian) 신도들 82명이 사망한 사건, 샌디에이고에서 UFO를 기다리던 하늘의문(Heaven's Gate) 신도들 39명이 자살한 사건 등이 발생하기도 했다.

이처럼 미국 교파주의와 사회 문화적 다양성은 이단 발흥의 좋은 조건이 되었을 뿐만 아니라 효과적인 이단 대처를 어렵게 하는 요인들이 되고 있다. 이로 인해 미국 기독교의 이단 규정은 교파주의 신학과 교권에 기초해 이루어지기보다는, 하나님의 기록된 말씀인 성서를 중심으로 성서 이외의 다른 권위에 의존하는 개인과 집단들을 이단으로 바라보는 일반적인 시각이 존재해 오고 있다. 미국 교파주의의 깊은 영향을 받은 한국도 그 상황이 다르지 않다.

대각성 운동과 이단의 발흥

기독교 역사는 교회 부흥의 때는 곧 이단 발흥의 때와 일치한다는 것을 증언하고 있다. 초대 교회가 양적으로 성장할 때 이단들도 그 세력을 확장했으며, 대각성 운동이 미국에서 일어났을 때 모르몬교, 안식교, 여호와의증인 등의 주요 이단들도 함께 발흥했다. 한국도 예외는 아니었다. 초기 한국 교회의 중심이었던 서북 지역에서 일어난 대부흥 운동의 불길 속에서 한국 교회 이단들이 뿌리를 내리기 시작했다.

미국의 대각성 운동은 독일의 경건주의 운동과 영국의 부흥 운동의 영향을 받아 일어났다. 주목할 만한 역사적 사실은 종교 개혁의 대상이었던 중세 교회는 천년 만에 그 내부로부터의 개혁 요구에 직면한 반면, 종교 개혁 교회는 채 백년이 지나기도 전에 동일한 요구에 직면했다는 점이다. 17세기 말부터 18세기에 걸쳐 일어난 경건주의 운동이 바로 그것이다.

경건주의 운동이 일어난 이유는, 종교 개혁 교회의 살아 있는 신앙 고백이 반복적인 교리 교육으로 전락했고, 종교 개혁 교회의 감동적인 설교가 지루한 교리 설교로 변질되었기 때문이다. 결국 종교 개혁의 깃발이 올랐던 독일에서 또다시 교회 개혁을 위한 경건주의 운동이 시작되었다. 개혁을 멈춘 교회는 더 이상 개혁 교회가 아니었다.

경건주의자들의 주장은 간결하고 담백했다. 복음에 대한 신앙인들의 의무는 복음서의 말씀을 믿고(believe) 그 말씀대로 살아야(practice) 한다는 것이었다. 경건주의자들은 교회가 당면한 문제가 하나님 말씀에 대한 지식의 부족이 아니라 하나님 말씀에 대한 행함의 결여에 있다는 확신을 가지고 있었다.

독일의 경건주의 운동과 영국의 부흥 운동은 미국의 각성 운동으로 이어졌다. 미국에서의 첫 번째 각성 운동은 18세기 초 미국 동북부 지역의 장로교인들과 회중교인들을 중심으로 일어났다. 조너선 에드워즈(Jonathan Edwards, 1703-1758), 조지 화이트필드(George Whitefield, 1714-1770), 길버트 테넌트(Gilbert Tennent, 1703-1764) 등의 지도자들이 이끈 이 운동을 통해 뜨거운 회심의 사건들이 연속적으로 일어났다.

그 후 18세기 말과 19세기 초에 프란시스 애즈버리(Francis Asbury, 1745-1816)와 찰스 피니(Charles Finney, 1792-1875) 등의 지도자들을 중심으로 두 번째 각성 운동이 일어났다. 이 운동은 미국 동북부 지역에서 회중교인들, 장로교인들, 감리교인들, 침례교인들을 중심으로 일어난 후 곧 전국적으로 확대되었다. 제2차 대각성 운동은 노예 제도 폐지와 여성 권리 신장에 깊은 영향을 끼쳤으며, 전 미국적인 차원의 각성 운동은 최초의 식민지 전체에서 일어난 움직임으로 미합중국 결성에 밑거름이 되었다.

미국에서 제2차 대각성 운동이 일어났을 때, 기독교 계통의 새로운 신흥종교 운동들의 발흥도 가시화되었다. 1830년에 설립된 모르몬교가 대표적인 사례다. 모르몬교는 당시 종교적 열정으로 뒤덮인 지역이라는 의미의 "Burned-over District"라고 불리던 뉴욕 주 북부에서 시작되었다. 설립자 조셉 스미스(Joseph Smith, 1805-1844)는 뜨거운 대각성 운동의 열기로부터 긍정적인 영향을 받기도 했지만, 다른 한편으로는 장로교, 감리교, 침례교 등의 경쟁적인 교파주의의 부정적인 영향도 이 대각성 운동을 통해 경험했다.

이러한 경험은 모르몬교 설립의 중요한 원인이 되었다. 즉 대각성 운동은 감수성이 예민한 십 대 중반의 스미스에게 종교적 열정을 심어 주는 한편, 교파주의적 경쟁은 그에게 기성 교파들에 대한 불신과 새로운 교회의 시작에 대한 필요성을 갖게 했다. 스미스는 환상을 통해 그 어느 교파도 아닌 유일한 예수 그리스도의 교회를 세우라는 계시를 받게 되고, 이것이 바로 모르몬교의 시작이 되었다.

한편 비성서적이고 배타적인 이단 운동도 문제이지만, 교회의 성장과 영향력으로 인해 생길 수 있는 극단적 열광주의도 경계해야 한다. 경건주의 운동과 복음주의적 각성 운동이 유럽과 북미에서 진행되는 시점에도 멈추지 않았던 소위 마녀사냥은 로마 가톨릭교회와 청교도 역사의 어두운 일면으로 남아 있다. 정확하고 공신력 있는 근거와 주변 사회의 상식적인 동의가 없는 이단 규정은 마녀사냥처럼 극단적 열광주의의 표출의 통로와 교권 강화의 수단으로 전락할 위험이 있다.

교회는 박해와 고난을 만날 때 그 신앙의 성숙과 성장을 경험한다. 하지만 교회가 성장과 평안의 때를 만날 때 그 신앙의 변질과 이단의 발흥을 경험한다. 교회 성장의 때는 곧 이단 발흥의 때인 것이다.

교회의 성장과 함께 이단의 발흥도 이루어진다는 점이 안타깝기는 하나, 이단의 발흥은 교회의 정체성 재확립의 계기가 된다는 점에 주목할 필요가 있다. 초대 교회도 이단의 전면적인 도전으로 인해 위기에 처했지만, 이는 결과적으로 교회의 신학과 신앙이 공고히 되는 중요한 계기가 되었다.

이단의 발흥은 교회의 문제와 무관하지 않다. 이단들은 교회의 문제점들을 부각시키면서 주변 사회의 동의를 얻는 한편, 자신들을 대안 세력으로 제시하면서 정당성을 확보해 나아간다. 따라서 자기 개혁을 멈추지 않는 교회만이 이단의 도전에 효과적으로 대처할 수 있다.

註

1. Ji-il Tark, *Family-Centered Belief & Practice in the Church of Jesus Christ of Latter-Day Saints & the Unification Church* (New York: Peter Lang Publishing, Inc., 2003), 11-31.

2. Max Weber, "The Protestant Sects and the Spirit of Capitalism" in From Max Weber Essays in Sociology (New York: Oxford University Press, 1946), 305-306. 베버는 교회와 섹트 양자의 변화 가능성을 인정하면서도, 각각의 '이상적인 유형'(ideal type)이 존재한다고 주장한다. Max Weber, *The Methodology of the Social Sciences* (Glencoe, IL: Free Press, 1949), 93-94.

3. Ernst Troeltsch, *The Social Teaching of the Christian Churches*, vol. 1, trans. Olive Wyon (New York: Harper & Brothers, 1960), 331-332.

4. Richard Niebuhr, *The Social Sources of Denominationalism* (New York: The World Publishing Company, 1968), 17-19.

5. 앞의 책, 145.

6. Benton Johnson, "On Church and Sect," *American Sociological Review* 28 (1963), 542-544.

7. Robert N. Bellah, *Habits of the Heart: Individualism and Commitment in American Life* (San Francisco: Harper & Row, 1986), 243-245.

8. Rodney Stark and William Sims Bainbridge, "Of Church, Sects, and Cults: Preliminary Concepts for a Theory of Religious Movements," *Journal for the Scientific Study of Religion* 18 (1979), 117.

9. 앞의 책, 121-123.

10. 앞의 책, 124.

11. 앞의 책, 125-126.

12. Rodney Stark and William Sims Bainbridge, *The Future of Religion: Secularization, Revival and Cult Formation* (Berkeley, CA: University of California Press, 1985), 26-30.

13. Rodney Stark and William Sims Bainbridge, "Cult Formation: Three Cmpatible Models," *Sociological Analysis* 40 (1979), 283.

14. New Religious Movements Group of the American Academy of Religion.

15. 이 연구소는 이슬람, 힌두, 동아시아, 오세아니아, 남미 태평양, 호주, 북대서양의 종교 운동을 연구한다.

16. Diane Choquette, *New Religious Movements in the United States and Canada: A Critical Assessment and Annotated Bibliography* (Westport, CN and London: Greenwood Press, 1985), viii.

17. Jeffrey K. Hadden, The New Religious Movements Homepage.

18. Eileen Barker, *New Religions and New Religiosity* (Aarhus, England: Aarhus University Press, 1998), 21.

19. Eileen Barker, *New Religious Movements: A Practical Introduction* (London: Her Majesty's Stationery Office, 1989), 4-5.

20. 앞의 책, vii-ix.

예수그리스도후기성도교회(모르몬교) 연구 사례

"말일성도예수그리스도교회"(현, 예수그리스도후기성도교회 The Church of Jesus Christ of Latter-day Saints)라는 이름은《교리와 성약》115장 3-4절의 "시온에 있는 나의 교회의 고등 평의회에 속하는 나의 충실한 종들과 온 세상에 널리 퍼져 있는 말일성도예수그리스도교회의 모든 장로와 교회 회원들아, 나의 교회는 마지막 날에 말일성도예수그리스도교회라 불리리라"에서 유래했다. 이를 근거로 모르몬교회는 그 스스로를 유일한 예수 그리스도의 교회라고 주장한다.

그 이름에서 보이는 것처럼 모르몬교는 그 시작부터 기독교와 밀접히 관련되어 있었다. 설립자인 조셉 스미스 스스로가 모르몬교회를 세우기 전 기독교의 영향을 받고 있었을 뿐만 아니라 모르몬교회는 신구약 성서를 모두 그들의 경전으로 받아들이고 있으며, 또한 모르몬경은 성서에서 수많은 내용을 인용한다. 게다가 모르몬교회의 "신앙개조"(The Articles of Faith)를 보면 초대 기독교회의 전통을 따르고 있는 것을 보여 준다. 6조를 보면, "우리는 초대 교회에 있었던 것과 똑같은 조직, 즉 사도, 예언자, 감독, 교사, 축복사 등이 교회에 있어야 할 것을 믿는다"고 고백한다.

하지만 모르몬교는 기독교와 기독교인에 대해 기성 교회와는 다른 해석을 한다. 즉 모르몬교에서 권위 있게 인용되는 *Mormon Doctrine*은 "기독교"를 기독교인들의 종교라고 규정하면서, "기독교인들"을 모르몬교인들로만 한정한다. 즉 모르몬교회만이 유일하고 진정한 예수 그리스도의 교회라고 믿고 있는 것이다.

조셉 스미스 Prophet

조셉 스미스(Joseph Smith, 1805-1844)는 1805년 12월 23일 미국 버몬트 주 샤론(Sharon)에서 태어났다. 그가 11세가 되던 1816년 그의 가족은 뉴욕 주의 팔미라(Palmyra)로 이사했는데, 아홉 명의 자녀를 가진 그의 부모는 경제적으로 어려운 형편이었다. 스미스는 이곳에서 인생의 전환점을 맞게 되는데, 바로 미국을 휩쓸던 대부흥 운동이 그곳에서도 활발하게 일어났기 때문이었다. 14세의 스미스는 1820년대 초반에 일어난 제2차 대각성 운동을 통해 깊은 영향을 받게 되었다.

스미스의 가족은 2년 뒤에 얼마 떨어지지 않은 뉴욕 주의 맨체스터로 이사를 하게 되는데, 이곳에서 스미스는 교파주의의 부정적인 면들을 경험하게 되었다. 그는 당시의 교파 간의 경쟁과 갈등에 대해, "혹자는 '여기를 보라'고 외치는가 하면 또 다른 사람은 '저기를 보라'고 외치며 어떤 사람들은 감리교회의 교리를 지지하였고, 또 다른 사람은 장로교회, 또 다른 사람은 침례교회의 교리를 지지하면서 논쟁을 했습니다"라고 설명하고 있다(조셉 스미스2서 5, 값진 진주). 필자가 맨체스터를 방문했을 때, 마을 중심 교차로에는 감리교, 장로교, 침례교, 성공회 등의 교회가 마주 보고 있어, 제2차 각성 운동 시기의 교파 간의 경쟁을 짐작할 수 있었다. 기독교 2,000년의 역사가 보여 주는 것처럼, 교회의 부흥기는 곧 이단의 발흥기와 일치한다는 사실을 그곳에서도 확인할 수 있었다.

스미스는 "이러한 대혼란기에서 나의 마음은 진지한 반성과 커다란 불안감에 사로잡혔었습니다"(조셉 스미스2서 8)라고 그의 심정을 표현한다. 부정적 교파주의의 영향은 스미스를 점점 혼란스럽게 만들었고, 그는 하나님의 인도를 간구하게 되었다. 그는 결국 "마침내 나는 암흑과 혼돈 속에 머무르든가 야고보가 가르치는 대로 하나님께 간구하든가의 두 가지 중 하나를 택하지 않으면 안 되겠다는 결론에 도달하였습니다"(조셉 스미스2서 13)라고 고백한다. 스미스에 따르면, 그가 어느 교파에 소속되어야 할지를 고민하던 중에 성부와 성자를 만나게 되고, 그분들로부터 모든 교파들은 잘못되었으니 그 어느 교파에도 가입하지 말라는 이야기를 듣게 된다.

이러한 환상을 주변 사람들에게 말한 후에, 스미스는 더 많은 어려움을 겪게 된다. 스미스는 그 상황에 대해 "박해는 점점 심해졌습니다. 나는 이름도 없는 일개의 소년이었고 다만 만 십사 세를 넘긴 소년으로 더욱이 생활 상태로 보더라도 하등 세상에 보잘것없는 자였지만 당신의 고위 인사들은 인심을 선동하여 핍박을 가할 만큼 나에게 큰 관심을 가졌습니다. 더욱이 이러한 일은 모든 교파에 공통되어 있어서 모든 교파가 연합하여 나를 핍박하였던 것입니다"(조셉 스미스2서 22)라고 기록하고 있다.

하지만 스미스는 이러한 핍박에도 불구하고 그의 환상에 대한 증언을 계속한다. 스미스에 따르면, 계속되는 환상을 통해 그는 1827년 9월 22일 모르몬경의 내용이 기록된 금판을 발견했고, 이것을 번역하여 1830년 3월에 모르몬경을 출판했다. 그리고 마침내 1830년 4월 6일 뉴욕 주 페이엣(Fayette)에 측근 6명과 함께 모르몬교회를 공식적으로 조직한 후, 1831년에는 오하이오 주와 미주리 주로 그의 교회를 확장해 나아갔다. 그리고 1840년 스미스는 일리노이 주 노부(Nauvoo)에 모르몬교도들을 위한 아름다운 도시를 건설했고, 노부는 그 당시 모르몬교의 중심이 되었다.

그런데 모르몬교도들이 대다수였던 노부 시에서 스미스는 예상치 않았던 어려움을 겪게 된다. 이러한 어려움은 그의 일부다처제 주장으로 인해 야기되었는데, 노부 시의 시장이었고 그 후에는 대통령 후보로 출마할 정도로 절대적인 영향력을 행사하던 그는 일부다처제를 비판한 지역 신문사인 *Expositor*를 파괴하라는 명령을 내렸던 것이다.

이로 인해 스미스는 1844년 6월 12일에 그의 동생 하이럼(Hyrum) 등과 함께 체포되었다. 그리고 그렇게 갇혀 있는 동안 그는 일단의 반대자들에 의해서 1844년 6월 27일 살해당하게 된다. 하지만 스미스의 죽음은 모르몬교의 종말이 아니라 새로운 시작을 의미했다. 그 후로 스미스와 그가 받았다고 하는 계시들은 모르몬교회의 절대적이고 중요한 교리가 되었다.

브리검 영(Brigham Young, 1801-1877)이 스미스가 죽은 후 모르몬교의 새로운 지도자가 되었다. 스미스의 충실한 추종자인 영은 1801년 6월 1일 버몬트 주 휘팅엄(Whitingham)에서 태어났다. 스미스처럼 영은 버몬트 주와 뉴욕 주에서 그의 유년기를 보냈다. 그는 고작 2달 동안만 정규적인 학교 교육을 받았을 뿐, 그 뒤로는 힘든 일들을 하며 살아야 했다. 영은 스미스의 친형을 통해 모르몬교에 입교하게 되었고, 1832년 4월 14일 모르몬교도가 되기 위한 세례를 받았다. 그는 그 후 모르몬교회의 설교자, 전도자, 선교사로 활동하였으며, 얼마 후 모르몬교의 장로가 되었다.

영은 오하이오 주 커클런드(Kirkland)에서 스미스를 처음 만났고, 모르몬교회가 십이사도위원회를 구성했을 때, 스미스에 이어 제2인자의 위치를 차지하게 되었다. 영은 스미스를 도와 노부 시의 건설에 힘을 쏟는 한편, 1839-1841년까지 영국에서 선교사로 사역하면서 7만여 명의 미국이민을 주선했다. 1841년에 미국으로 돌아온 후, 스미스가 죽자 영은 모르몬교회의 지도자로 선출되었다. 이때 영은 핍박을 피하기 위해 노부를 떠나기로 결심하고, 1848년 9월 20일 모르몬교도들을 이끌고 유타 주 솔트레이크시티로 이주하게 되었다.

스미스처럼 영도 절대적 영향력을 가진 영적 지도자인 동시에 정치 지도자였다. 그는 공개적으로 일부다처제를 지지했다. 하지만 에이브러햄 링컨 대통령이 일부다처제에 반대하는 법률을 제정한 후 1863년 체포되었다. 모르몬교도들을 솔트레이크 계곡에 성공적으로 정착하도록 이끈 영은 조셉 스미스의 이름을 부르며 1877년 8월 29일 사망했다.

모르몬경 Promise

모르몬교회는 성서, 모르몬경, 교리와 성약, 값진 진주 등의 네 개의 핵심 교리서들을 신성시하고 있다. 이를 근거로 모르몬교는 미국 땅 위에 지상천국을 건설을 주장하고 있다. 모르몬경(Book of Mormon: Another Testament of Jesus Christ)은 가장 기본이 되는 중요한 교리서다. 모르몬교회에 따르면, 모르몬경에는 주전 6세기경 예루살렘에서 아메리카로 이주해 온 고대인들에 대한 이야기가 기록되어 있는데, 시기적으로 주전 600년경부터 주후

421년까지의 이야기가 기록되어 있다고 믿고 있다.

모르몬경에 따르면, "이 기록은 많은 고대 위대한 문명을 이룩한 두 민족에 대해 설명하고 있다. 이들 중 한 민족은 주전 600년에 예루살렘으로부터 왔으며 후에 니파이인과 레이맨인이라고 하는 두 민족으로 나누어졌다. 또 다른 민족은 바벨탑을 쌓을 때, 즉 주님께서 언어를 혼란시키실 때 떠나온 민족이다. 이 민족은 야렛인으로 알려져 있다. 수천 년이 지난 후 레이맨인을 제외한 모든 민족이 멸망되었으며 이들 레이맨인이 바로 아메리카 인디언의 조상인 것이다. 모르몬경에 기록된 가장 중대한 사건은 주 예수 그리스도께서 부활하시고 나서 바로 니파이인들에게 친히 성역을 베푸신 일이다. 모르몬경에는 복음 교리와 구원의 계획이 설명되어 있을 뿐만 아니라 인간이 현세에서 평화를 얻고, 내세에서 영원한 구원을 얻기 위해 마땅히 행할 일도 설명되어 있다"라고 모르몬경 서문에서 설명하고 있다.

모르몬교회는 모르몬경이 예언자이면서 역사가인 모르몬에 의해 금판에 기록되었다고 믿는다. 모르몬이 기록한 이 금판을 그의 아들 모로나이에게 주었고, 그가 이 금판을 뉴욕 주 맨체스터의 커머라 언덕(Hill Cumorah)에 421년에 묻었다는 것이다. 그리고 부활한 모로나이의 도움을 받아 조셉 스미스가 1823년에 이 금판들을 발견했다는 것이다.

뉴욕 주 맨체스터에서는 매년 모르몬경의 내용을 대규모의 연극으로 만들어 공연을 한다. 미국 각지에서 수많은 사람들이 자원해서 참가하거나 관광을 목적으로 이곳을 찾는데, 필자가 이곳에 가서 놀란 것은, 원근 각지의 모르몬교도들이 가족 단위로 참석하여 자비로 자원해서 그 연극에 적극적으로 참여하고 있다는 것과 참가자의 대부분이 백인들이었다는 사실이었다.

무엇보다도 모르몬교회는 모르몬경과 함께 살아 있는 예언자들(Living Prophets, 모르몬교회의 최고 지도자 세 사람)을 통한 지속적인 계시를 성서와 동등한 권위로 받아들인다. 모르몬교회는 이들 최고 지도자들이 스미스의 후계자라고 믿으며, 이들의 지시에 절대적으로 순종한다.

조셉 스미스가 작성했다고 하는 총 13개조로 이루어진 모르몬교회의 "신앙개조"에는 모르몬교회의 교리가 간략하게 잘 나타나 있으며, 성서와 모르몬경의 동등 권위 및 미국 대륙으로의 지상 천국 건설 등 기성 교회와의 현저한 교리적 차이점들이 분명하게 드러나 있다.[1]

모르몬교회는 가족이 교회와 사회의 기본적인 단위(the basic unit)이며, 그 필요성과 중요성은 모든 것에 우선한다고 믿는다. 또한 모든 인간은 하늘의 부모(heavenly parents)에게서 받은 영(a spirit)을 가지고 있으며, 하나님처럼 되기 위해서 이 땅에 태어나게 되었다고 믿는다. 하지만 인간의 타락으로 인해 이러한 창조의 계획이 성취되지 못했고, 타락으로부터 회복되기 위해서 지상 천국을 건설해야만 했으며, 그래서 지상에서의 결혼을 통해서만 지상 천국이 지상에 건설될 수 있다고 믿는다. 이렇게 이루어진 가족은, 영적인 자녀들(spirit children)을 생산할 수 있고, 이로 인해 가족은 사회와 교회의 가장 기본적인 단위가 된다고 주장한다. 모르몬 성전에서만 거행되어야 하는, 이 결혼을 영원한 결혼(Eternal Marriage), 그리고 이를 통해 이루어지는 가족을 영원한 가족(Eternal Family)라고 부른다.[2]

조직 Plan

모든 종교 단체는 예언자에 의해서 선포된 약속을 구체화할 계획을 갖고 있다. 그리고 이 계획을 추진해 나가기 위한 체계화된 조직을 구성하기 위해 노력한다. 모르몬교회도 예외는 아니다.

조셉 스미스에 의해서 선포된 교리들은 권위주의적이고 체계적인 모르몬교회의 조직을 통해 구체적으로 실행되고 있다. 제일정원회(First Presidency)는 모르몬교회의 최고 조직이다. 대관장이라 불리는 예언자와 두 명의 보좌 회장이 있고, 그 밑에는 십이사도정원회(Quorums of the Twelve)라고 불리는 열두 명의 사도들이 있다.

제일정원회는 조셉 스미스와 브리검 영처럼 계시를 받으며 교회의 정책을 결정하고 추진해 나간다. 모르몬교회에서 제일정원회의 결정은 절대적이며, 대관장은 지상에서의 유일한 선지자로 숭배된다. 제일정원회의 결정은 그 어떤 질문이나 의문도 없이 그대로 받아들여진다. 대관장이 죽으면 두 명의 보좌 회장 중 선임 회장이 대관장이 된다.

십이사도정원회는 1835년 2월 14일 조직된 이래 모르몬교회의 최고 행정 기구의 역할을 수행해 오고 있다. 만약 제일정원회의 회장단이 유고인 경우 십이사도정원회에서 제일정원회를 구성한다. 그 아래로 칠십인정원회(Quorums of the Seventy)가 있으며, 그 아래에 지역 회장단(Area Presidency)이 있다. 칠십인정원회에도 제일정원회처럼 세 명의 회장단이 구성되어 있다.

지역 조직으로는 스테이크(Stakes)와 와드(Wards)가 있는데, 스테이크는 미국에서는 일반적으로 약 2,000-7,000명으로 구성되어 있으며, 각 스테이크는 독자적인 체제로 조직되어 있다. 스테이크는 역시 스테이크 회장단(회장과 두 명의 보좌 회장으로 구성)이 있다. 와드는 약 200-800명으로 구성되며, 감독과 두 명의 보좌 감독으로 지도부가 구성되어 있다. 한국에는

24개의 스테이크(교구)와 154개의 와드(교회)가 있다.

이러한 엄격하고 체계적인 모르몬교회의 조직은 주변 사회와의 갈등을 효과적으로 제어하면서 성장을 지속하는 동력이 되고 있다. 예를 들면 모르몬경의 교리상으로는 수정할 수 없는 일부다처제에 대한 교리(1890년)나 혹은 유색 인종에 대한 차별에 관련된 교리(1978년)를 대관장이 받은 현재적인 계시를 근거로 수정하여 그 갈등을 극복할 수 있었다.

현재 일부다처제는 예수그리스도후기성도교회 안에서는 공식적으로 금지되고 있다. 1890년 당시 모르몬교회의 대관장이었던 우드럽(Woodruff)은 "선언문 1"(Official Declaration 1)에서 "우리는 일부다처주의 또는 다처 결혼을 가르치고 있지도 않으며, 또 어떤 자에게도 이의 실행을 허용하고 있지도 않으며, 또 본인은 사십 건 또는 그 이상의 다처 결혼이 그 기간 중 당 교회의 성전 또는 주 내의 다른 어느 장소에서도 거행되었다는 사실을 부정하는 바이다"라고 밝히고, "이제 본인이 말일성도에게 주는 충고는 국법으로서 금지된 어떠한 혼인도 맺지 말라는 것임을 널리 선언하는 바이다"라고 공식적으로 발표하였다.

하지만 모르몬교의 군소 교파들과 일부 모르몬교인들 사이에서는 일부다처제가 공공연히 이루어진다는 외신 보도들이 들리고 있다. 얼마 전에는 일부다처제와 관련한 한 모르몬교도의 재판이 미국 사회의 관심을 끌기도 하였는데, 2001년 5월 18일 유타 주의 프로보(Provo)에서는 52세의 톰 그린(Tom Green)이라는 남성이 일부다처제와 관련하여 5년 감옥형과 그의 아내들에게 대한 7만 8,000달러의 생활비 지원을 판결받기도 한 사건이 있었다. 또한 미국에서 일부다처제를 할 수 없게 된 모르몬교도들이 최근 일부다처제가 법적으로 제재를 특별히 받지 않는 캐나다의 브리티시

컬럼비아 주로 이주한다고 하여 캐나다 언론이 관심을 보이기도 했다.

일부다처제와 인종 차별 문제 Possibility

모든 새로운 종교 운동들이 성공적인 것은 아니다. 이 종교 운동의 성공은 정치, 경제, 문화, 사회, 지정학적 주변 환경들과 밀접히 연관되어 있다. 예를 들면 모르몬교회는 그 초기에 일부다처제 문제로 인하여 연방 정부와 주변 사회와 심각한 갈등을 겪었다. 물론 일부다처제의 문제는 1890년 교리 수정으로 인해 해소될 수 있었으나, 모르몬교회 초기로부터 시작된 주변 사회와의 갈등과 긴장으로 인해 19세기에 모르몬교도가 된다는 것은 곧 핍박을 감수한다는 의미로 받아들여졌다.

이러한 갈등으로 인해 모르몬교회는 박해가 심한 미국 동부를 떠나 개척지인 서부의 솔트레이크로 이주하지 않을 수 없었다. 하지만 이러한 이주는 오히려 모르몬교도들이 자유롭게 그들의 종교 생활을 할 수 있는 조건들을 마련해 주었고, 이를 계기로 모르몬교회는 어느 누구의 방해도 받지 않는 그들만의 장소에서 빠르게 성장하게 되었다.

흥미로운 것은 모르몬교회의 성장이 자체 재생산의 결과이기도 하다는 것이다. 모르몬교회는 교리적으로 하늘나라에 영혼이 선재하고 있고, 이 영혼들은 인간의 육신을 입고 태어나야 신(god)이 될 수 있다고 믿는다. 따라서 가능한 한 많은 자녀를 두는 것을 강조한다. 모르몬교회의 지도자들의 이력서에는 반드시 누구와 결혼하여 몇 명의 자녀가 있는지를 기록하고 있다. 미국 사회에 그려지는 전형적인 모르몬교 가정의 그림은 나이 차이가 다양한 많은 자녀들과 백인 부모의 모습이다.

특히 1978년 "선언문 2"(Official Declaration 2)를 통해 "교회의 모든 합당

한 남자 회원은 인종이나 피부색에 관계없이 신권의 직에 성임될 수 있습니다"라고 발표함으로써, 유색 인종에 대한 차별 문제로 인한 미국 사회와의 갈등을 효과적으로 해결하고, 모르몬교회의 인종적 다양성을 이룬 뒤에는 오히려 세계 선교에서 괄목할 만한 성장을 이루고 있다.

현재 미국 내에서 모르몬교회는 로마 가톨릭교회, 하나님의성회, 남침례교에 이어 가장 현저하게 성장하고 있는 종교로 알려져 있다. 하지만 "선언문 2"의 내용에서 볼 수 있듯이, 철저히 남성 중심적이며 가부장적인 모르몬교회가 앞으로 교회 내의 다양한 여성 문제에 직면할 가능성이 있다. 실제로 모르몬교회 내부로부터 여성 문제가 제기되고 있다는 소식이 들리고 있다.

솔트레이크시티 Place

모르몬교회는, 주변 사회와의 갈등과 긴장이 조성되지 않는, 그들만의 지상 천국을 건설할 수 있고 안정적인 종교 생활을 보장받을 수 있는 조용한 장소를 원했다. 그리고 그들이 발견한 장소는 미국 서부의 불모지였던 소금 사막 위의 솔트레이크시티(Salt Lake City)였다.

19세기 초는 모르몬교회의 급격한 성장기로 기록되고 있다. 교인 수는 1830년의 6명에서 1840년에는 1만 6,865명으로 성장하였다. 특히 일리노이 주의 노부에서 모르몬교회는 약 두 배의 성장을 이루었다.

그러나 이러한 성장은 주변 사회의 위기의식을 불러일으켰고, 이로 인해 모르몬교도들은 그들이 개발한 땅들을 포기하고, 불모지인 유타 주로 이주할 수밖에 없었다. 이후 미국 서부에서의 정착을 위해 장소를 물색하던 중에, 선발대로부터 아름다운 샌프란시스코의 정착을 권유받았으나,

브리검 영은 그곳 대신 소금 사막인 솔트레이크시티를 선택하게 된다. 왜냐하면 비옥한 곳에서의 정착은 항상 주변 사회와의 갈등과 대립을 초래한다는 경험을 여러 차례에 걸쳐 했기 때문이다. 결과적으로 이러한 결정은 현명했고, 모르몬교도들은 그들만의 솔트레이크 계곡에서 그 어느 누구의 간섭도 받지 않고 그들만의 왕국을 건설할 수 있게 되었다.

브리검 영은 1847년 7월에 솔트레이크 계곡에 도착하였는데, 저명한 사회학자 잰 쉽스(Jan Shipps)의 말처럼 그곳은 그들에게 거룩한 공간(sacred space)이었고, 약속의 땅이었으며, 이때로부터 그들은 누구의 방해도 받지 않는 그들만의 거룩한 시간(sacred time)을 향유하게 되었다.

이 지역은 원래는 멕시코의 영토였으나, 1848년 미국과 멕시코의 전쟁을 통해 미국이 차지하게 되었다. 이 지역은 현재의 캘리포니아, 네바다, 유타, 애리조나, 뉴멕시코, 콜로라도, 와이오밍 주를 포함하는 넓은 땅이었다. 당시에 이 지역은 유타 준주(Utah Territory)로 불리었으며, 1850년 9월 브리검 영은 이 지역의 초대 지사로 임명되었고, 모르몬교도들은 합법적인 권리를 가지고 그들만의 왕국을 건설해 나가기 시작했다.

솔트레이크의 지정학적, 사회적 조건은 동부와는 전혀 달랐다. 그곳은 한편으로는 모르몬교도들에게는 약속의 땅이라고 생각할 수조차 없는 불모의 땅이었지만, 다른 한편으로는 그들이 주도권을 가지고 마음껏 종교 생활을 하며 살 수 있는 그들만의 공간이었다. 모르몬교도들은 유타 주에 처음 정착한 백인들이었으며, 그들은 그곳에서 자유와 안전을 보장받았다. 하지만 생존을 위해 불모지를 개발해야만 했고, 이 과정에서 그들은 많은 어려움을 겪었다.

브리검 영을 비롯한 모르몬교회의 지도자들에게 가장 중요했던 문제는 모르몬 성전의 건축이었다. 모르몬교도들에게 성전은 삶과 종교의 중심이다. 성전에서 거행된 예식만이 유효하고, 성전에서의 예식을 통해 이루어진 결혼을 통해서만이 사후에도 영원히 지속되는 영원한 가정(Eternal Family)을 이룰 수 있다고 믿기 때문이다. 성전 건축을 위한 땅을 정하고 난 후, 개인 사유제에 종교적인 신념을 가지고 반대하였던 브리검 영은, 나머지 땅들을 모르몬교도들에게 상황과 필요에 맞게 배분해 주었다.

특히 성전에서는 죽은 자들을 위한 세례가 베풀어지는데, 모르몬교를 믿지 않고 죽은 조상들을 찾기 위한 족보에 관한 연구가 활발히 진행되고 있으며, 심지어 교황, 부처, 칭기즈 칸, 잔 다르크, 히틀러, 스탈린에게도 세례를 베풀었다. 최근에는 가족들의 동의 없이 홀로코스트를 통해 사망한 유대인들에게도 세례를 베풀었다가 유대교 지도자들로부터 거센 항의를 받기도 하였다. 필자가 방문한 솔트레이크시티의 가족역사도서관(Family History Library)의 검색 시스템을 통해 필자의 영어 성인 "Tark"을 검색하자 노아 시대에 이르기까지의 수많은 이름들이 필자의 조상들로 검색되었다.

세계 여러 나라에 독특한 형태의 모르몬 성전들이 건축되고 있고, 한국에는 신촌에 한국 성전이 있다. 이 성전들이 세워진 나라들은 곧 모르몬 교회의 선교가 일정한 수준에 이르렀다는 것을 의미한다. 정치 문화적으로 미국의 영향력에 있는 나라들(독일, 일본, 필리핀, 한국 등)과 백인 중심의 사회(호주, 남아프리카공화국 등)에서 모르몬교가 성공적으로 정착하고 성장하는 것은, 모르몬교가 미국적인 동시에 백인 중심적인 면임을 보여 준다.

모르몬교도의 수는 1850년 5만 1,839명에서 1900년 28만 3,765명으로 증가하였다. 매년 약 4%씩 증가한 셈이다. 이 기간 동안 유럽, 호주, 인도, 남아프리카 등지의 많은 이민자들이 유타 주로 몰려왔다. 1870년에는 98%의 모르몬교도들이 이 지역에 거주하였고, 실제로 솔트레이크시티는 모르몬교도들의 성지가 되어 오늘에 이르고 있다.

모르몬교의 한국 전래

모르몬교는 한국전쟁 기간 동안 미군을 통하여 부산에서 본격적으로 포교하기 시작했다. 미군들을 중심으로 모임을 가지면서 한국인들에게도 전도했다. 그 후 미국 코넬대학교에서 유학하던 중 한국인 최초 모르몬교인이 된 김호직이 모르몬교를 한국에 적극적으로 소개했다. 후에 문교부 차관(1955-1956)까지 지낸 그는 모르몬교회가 한국에 설립되는 데 가장 큰 공헌을 했으며, 그의 가족들은 1952년 모르몬교의 첫 수세자들이 되었다.

한국전쟁의 혼란기에 대구와 부산 등지에서 영어 공부와 함께 모르몬교의 모임이 이루어졌고 수세자들도 늘어났다. 이때 활동한 사람이 스펜서 팔머(Spencer Palmer)였는데, 그는 미군 군목으로 종군했고 후에 선교사로서 활동했으며 한국학에 관한 많은 연구 결과를 남겼다.

지금도 영어 교육은 모르몬교 선교의 주요한 접촉점이 되고 있다. 한국의 영어 교육 열풍에 맞물려 많은 모르몬교 선교사들이 영어 교육을 통해 특히 젊은 청소년들에게 접근하고 있다. 얼마 전 여행을 다녀오던 중 만난 한 모르몬교 선교사는 한국에 온 지 석달이 되었다고 했는데, 필자에게 30여 분에 걸쳐 정확한 한국말로 모르몬경의 핵심을 설명하고, 말미에는 집 근처 모르몬교회의 출석과 침례를 권하기까지 했다. 모르몬교 선교사들을 위한 언어 교육이 이루어지는 선교사훈련센터(Missionary Training Center)는 미국의 육군사관학교 웨스트포인트 사관생도들에게 위탁 교육을 실시할 정도로 유명하다. 이 센터에서 자신이 파송될 선교지의 언어를 단기간 내에 효과적으로 구사할 수 있는 능력을 키우게 된다. 이처럼 철저한 선교지 언어 교육은 선교지에서 모르몬교를 전하는 중요한 수단이 되고 있으며, 아울러 백인 선교사가 구사하는 영어는 효과적인 선교 도구가되고 있다. 특별히 영어 교육은 한국에서 큰 영향력을 발휘하고 있다.

한국전쟁 후 1955년 8월 2일 당시 십이사도정원회의 회장이었던 조셉 스미스가 한국을 방문한 것을 계기로 일본의 모르몬교 선교 본부에서한국에 선교사를 파송하고 한국에 지방부를 조직했다. 김호직이 초대 지방 부장으로 임명받았으며, 이후 많은 모르몬교 선교사들이 한국에 파송되었고, 1956년 6월 3일에는 한국 지방부 서울 지부가 조직되고 1962년 7월에는 한국 선교부가 조직되기에 이르렀다.

1967년 3월에는 모르몬경 한국어 초판이 출판되어 배포되기 시작했으며, 1968년 10월에는 교리와 성약과 값진 진주 한국어 합본이 번역 출간되었고, 1970년에는 한국어 찬송가가 번역 출판되었다. 그리고 1973년 3월 8일에 한국 최초로 서울스테이크가 조직되었다. 이후로 태버나클합창단(Tabernacle Choir) 등 모르몬교회의 문화 단체들이 한국을 방문하여 문화를 통한 포교에 힘을 쏟았다. 그리고 마침내 1985년 12월 14일 아시아에서 최초로 서대문구 신촌에 서울성전을 건립했고, 2005년 7월 한국 전래 50주년을 기념하기에 이르렀다.

모르몬교를 접할 때마다 항상 고민스러운 문제가 있는데, 바로 그들의 가정 중심의 생활, 사회봉사 강조, 윤리적 엄격함에 대한 철저한 교리와실천이다. 최근의 한국 사회가 급격히 상실해 가는 이러한 주제들에 대한강조를 통해 모르몬교는 꾸준히 기성 교회에 도전하면서 자신들의 영향력을 확대해 나가는 한편 사회적 공신력도 얻어 가고 있다. 미국 내의 모르몬교도 집중 거주지는 이혼율이 가장 낮고, 출산율이 가장 높은 지역들이라는 것이 이를 입증하고 있다.

모르몬교는 과연 이단인가

저명한 사회학자 잰 쉽스를 비롯한 많은 학자들은 모르몬교회가 이제 기독교라고 주장하는 것을 포기하고, 하나의 종교(a religion)로서 그 정체성을 재확립해야 한다고 주장하고 있다.[3] 이것은 성장을 근거한 자신감의 표현인 한편, 기독교와의 이단 시비를 벗어나기 위한 시도로도 볼 수 있다.

하지만 수많은 학자들의 이런 권고에도 불구하고 모르몬교회의 최고 지도 조직인 제일정원회의 회장들은 모르몬교회만이 유일한 기독교라고 공식적으로 밝히고, 또한 모르몬교회는 성서를 그들의 경전으로 사용하고, 모르몬경은 성서로부터 셀 수 없는 많은 내용을 인용하고, 과거의 계시(모르몬경)와 현재의 계시(살아 있는 예언자들의 가르침)를 통해 자신들이 기독교라고 밝히고 있다. 하지만 기독교와는 다른 교리를 신앙하고 실천하고 포교하는 한 모르몬교회는 기독교 이단으로서 규정될 수밖에 없다.

물론 모르몬교회가 윤리적이며 경건한 종교인 것으로 많이 비춰지는 것이 사실이다. 또한 '비윤리적인 기성 교회'보다는 '윤리적인 이단'을 차라리 선호하는 것이 현재 한국 사회의 현실인 것도 사실이며, 교회의 교리적 이단 규정이 이루어지는 동안 교회가 소금과 빛의 역할을 소홀히 함으로 인해 교회에 대한 사회의 부정적 시각이 커져만 가고 있는 것도 사실이다. 하지만 이러한 현실이 윤리적으로 엄격하다는 모르몬교회를 이단으로 규정하는 걸림돌이 될 수는 없다. 모르몬교회가 자신의 정체성을 '유일하고 참된 예수 그리스도의 교회'로서 규정하는 한 모르몬교회는 기독교 이단으로 분류될 수밖에 없다.

•
註

1. (제1조) 우리는 영원하신 아버지 하나님과 그의 아들 예수 그리스도와 성신을 믿는다. (제2조) 우리는 사람이 자기 자신이 범한 죄에 대하여 형벌을 받고 아담의 허물로 인하여 형벌을 받지 아니한다. (제3조) 우리는 그리스도의 속죄를 통하여 인류가 복음의 법과 의식을 지킴으로써 구원받을 수 있음을 믿는다. (제4조) 우리는 복음의 첫째 되는 원리와 의식은 첫째 주 예수 그리스도를 믿는 신앙, 둘째 회개, 셋째 죄 사유함을 위한 침수로서의 침례, 넷째 성신의 은사를 받기 위한 안수례임을 믿는다. (제5조) 우리는 사람이 복음을 전파하며 또한 복음의 의식을 집행하기 위해서는 예언과 권능 있는 자의 안수에 의하여 하나님으로부터 부름을 받아야 할 것을 믿는다. (제6조) 우리는 초대 교회에 있었던 것과 똑같은 조직, 즉 사도, 예언자, 감독, 교사, 축복사 등이 교회에 있어야 될 것을 믿는다. (제7조) 우리는 방언의 은사, 예언의 은사, 계시와 시현을 받는 은사, 병 고치는 은사 및 방언을 통변하는 은사 등을 믿는다. (제8조) 우리는 성서가 정확하게 번역되는 한 하나님의 말씀임을 믿고 또한 〈모르몬경〉도 하나님의 말씀임을 믿는다. (제9조) 우리는 이제까지 계시하신 모든 것이 지금 계시하고 계시는 모든 것과 앞으로도 하늘나라에 관하여 위대하고 중대한 것을 많이 계시하실 것을 믿는다. (제10조) 우리는 이스라엘 민족이 문자 그대로 집합하고 그 열 지파가 회복될 것을 믿는다. 우리는 이 대륙(미국)에 시온이 건설되며 그리스도께서는 친히 지상을 다스리시고 땅은 새로워져서 낙원의 영광을 받게 될 것을 믿는다. (제11조). 우리는 자기 양심의 지시에 따라 전능하신 하나님을 예배할 특권이 있음을 주장하며 또 사람마다 그가 원하시는 대로 어디서나 어느 모양으로나 혹은 무엇이라도 예배할 수 있는 똑같은 특권이 허용됨을 주장한다. (제12조) 우리는 왕, 대통령, 통치자 장관에게 순종함을 믿으며 또한 법률을 존중하고 지키며 지지함을 믿는다. (제13조) 우리는 정직, 진실, 순결, 인자, 유덕 그리고 만인에게의 선행을 믿는다. 진실로 바울의 훈계를 뒤따른다 할 수 있으니 우리는 모든 것을 믿으며 모든 것을 바라며 이에 모든 것을 참아 왔으니 모든 것을 참을 수 있기를 원한다. 무엇이든지 유덕하고 사랑할 만하고 듣기 좋으며 칭찬할 만한 일이 있으면 우리는 이것들을 구하여 마지않는다.

2. 모르몬교의 가정 관련 교리와 실천에 대해서는 Ji-il Tark, *Family-Centered Belief & Practice in the Church of Jesus Christ of Latter-Day Saints & the Unification Church* (New York: Peter Lang Publishing, Inc., 2003)을 참고하라.

3. Jan Shipps, *Mormonism: The Story of a New Religious Tradition* (Urbana and Chicago: University of Illinois Press, 1985).

참고 문헌

김백문,《기독교 근본 원리》(이스라엘수도원, 1958).

김승태,《일제 강점기 종교 정책사 자료집》(한국기독교역사연구소, 1996).

_____,"다시 종교의 시대는 오는가: 갈림길에 선 우리 종교", 중앙일보 (1999. 1. 7).

김정수,"고등학생 이단 인식 실태 조사",〈현대종교〉(2014. 3).

문선명,《원리강론》(세계기독교통일신령협회, 1966).

_____,《世界와 韓民族의 決意: 전국 승공 궐기대회 문선명 총재 주제 강연문》(국제승
공연합, 1983).

민경배,"초기 서울지방 교회에 대한 한 분석적 고찰",《신학 연구》 22 (1980).

_____,《韓國基督教會史》(대한기독교출판사, 1982).

_____,《한국 민족 교회 형성사론》(연세대학교출판부, 1988).

_____,"한국 교회사 속의 이단 문제",《구원과 종말》(연세대학교 연합신학대학원 목회자신학
세미나 강의집, 1992).

_____,"탁명환 소장 이단 연구의 교회사적 의의", 고 탁명환 소장 10주기 특별 강연
(2004. 2. 16).

세계기독교통일신령협회,《원리강론》(성화사, 1966).

세계평화통일가정연합,《참부모님 말씀집: 참하나님의 조국 광복》(세계평화통일가정연합,
2000).

안상홍,《하나님의 비밀과 생명수의 샘》(하나님의교회출판부, 1980).

_____,《신랑이 더디 오므로 다 졸며 잘새》(하나님의교회, 1985).

엘렌 G. 화이트,《예언과 역사》(시조사, 1967).

이강오,《韓國新興宗敎摠監》(도서출판 대흥기획, 1992).

이만희,《천국 비밀 계시록의 진상》(도서출판 신천지, 1988).

_____,《천국 비밀 계시》(도서출판 신천지, 1998).

_____,《천국 비밀 요한계시록의 실상》(도서출판 신천지, 2005).

이영철,《사료 한국 근현대사》(법영사, 2002).

정장열, "종교, 무엇이 문제인가", 〈한겨레21〉 259호 (1999. 5. 27).

_____, "통일교 돈 3조 원이 몰려온다", 〈주간조선〉 (2005. 2. 7).

최재건 편,《근현대 부흥 운동사》(CLC, 2007).

탁명환,《한국의 신흥종교 : 기독교편 1권》(국제종교문제연구소, 1972).

_____,《세칭 구원파의 정체》(국제종교문제연구소, 1991).

_____, "문선명 왜 북한에 갔나", 〈월간 말〉 (1992. 1).

_____,《저 들녘에 이름 없는 들풀처럼》(국종출판사, 1993).

_____, 1994년 1월 5일자 새해 인사 편지.

탁지일, *Family-Centered Belief & Practice in the Church of Jesus Christ of Latter-Day Saints & the Unification Church, New York: Peter Lang Publishing, Inc., 2003.*

_____, "21세기 한국 교회와 이단 연구",《교회, 민족, 역사: 솔내 민경배 박사 고희 기념 논문집》(한들출판사, 2004).

_____, "북한 선교와 통일교 문제",《홍성현 목사 고희 기념 논문집》(평화와 선교, 2006).

_____, "이단사이비 현황과 대책", 〈현대종교〉 (2006. 7-8).

_____, "몽골에서 활동 중인 한국계 이단들", 〈현대종교〉 (2006. 9).

_____, "The Korean War and the Rise of Christian New Relgious Movements in Korea", *Korea Journal of Christian Studies* (2006).

_____, "이단들의 리모델링", 〈교회와 신학〉 (2006 겨울).

_____,《부산의 첫 선교사들》(공저, 한국장로교출판사, 2007).

_____, "통일교의 여수 침투: 지역 개발인가, 지상 천국 건설인가?" 〈현대종교〉 (2007. 5).

_____, "한국 기독교계 신흥종교 운동의 현황과 전망", 〈대학과 선교〉 (2007. 6).

_____, "부산, 기독교의 성지인가, 이단의 요람인가?",《부산장신논총》(2007).

_____, "통일교 총선 출마, 그 의도와 대책", 〈목회와 신학〉 (2008. 4).

_____, "지상 천국 건설을 꿈꾸는 통일교", 〈교회와 신학〉 (2008 여름).

_____, "우리 주변의 이단들", 〈성서마당〉 (2008 여름).

_____, "이단, 교회의 위기인가, 갱신의 기회인가?", 《부산장신논총》 (2008).

_____, 《사료 한국의 신흥종교》 (도서출판 현대종교, 2009).

_____, "통일교 최근 동향 및 일본 내 주요 한국 이단 현황", 〈현대종교〉 (2010. 7).

_____, "이단들의 비유 해석", 〈성서마당〉 (2010 가을).

_____, "이단에 대한 바른 이해", 〈교육교회〉 (2010. 1-5).

_____, "이단의 소셜 네트워크 이용 실태와 대처", 〈목회와 신학〉 (2011. 3).

_____, "차세대를 미혹하는 이단들", 〈목회와 신학〉 (2011. 4).

_____, "'모략 포교'에서 '공개 포교'로 전환한 신천지의 불편한 진실", 〈목회와 신학〉 (2012. 5).

_____, "문선명 사후의 통일교, 어디로 갈 것인가?", 〈기독교 사상〉 (2012. 11).

_____, "이단에 빠진 사람, 어떻게 전도할 것인가?", 〈목회와 신학〉 (2012. 11).

_____, "교회는 이긴다", 한국기독공보 (2013. 10. 5).

_____, "현실적 교회, 종말론적 이단을 만나다!", 〈교육교회〉 (2013. 12).

_____, "통일교 동향과 북한 선교", 〈북한 개발 소식〉 (2014. 2).

_____, "결혼과 이단", 〈현대종교〉 (2014. 5).

_____, "기독교 이단사이비, 교회가 결자해지해야 한다", 〈목회와 신학〉 (2014. 7).

"통일교 박보희 9월 북한 방문했다," 〈신동아〉 (1997. 11).

한국기독교역사연구소 북한교회사집필위원회, 《북한 교회사》 (한국기독교역사연구소, 1996).

현대종교, 《구원파의 정체》 (도서출판 현대종교, 2014).

후스토 L. 곤잘레스, 《현대교회사》 (도서출판 은성, 1987).

한국 교회의 미래를 준비하는 모임,《한국 개신교인의 교회 활동 및 신앙 의식 조사 보고서: 타종교인 및 비종교인과의 비교 분석》(도서출판 두란노, 1999).

村山智順,《朝鮮の 類似宗教》(조선 총독부, 1935).

A Greek-English Lexicon of the New Testament (Chicago and London: The University of Chicago Press, 1981).

Eileen Barker, *New Religious Movements: A Practical Introduction* (London: Her Majesty's Stationery Office, 1989).

_____, *New Religions and New Religiosity* (Aarhus, England: Aarhus University Press, 1998).

Robert N. Bellah, *Habits of the Heart: Individualism and commitment in American Life* (New York: Harper & Row, Publishers, 1985).

Diane Choquette, *New Religious Movements in the United States and Canada: A Critical Assessment and Annotated Bibliography* (Westport, CN and London: Greenwood Press, 1985).

Benton Johnson, "On Church and Sect", *American Sociological Review* 28 (1963).

Martin Walter, *The Kingdom of the Cults* (Minneapolis: Bethany House Publishers, 1985).

Richard Niebuhr, *The Social Sources of Denominationalism* (New York: The World Publishing Company, 1968).

Presbyterian Church (USA), *The Book of Confession* (Louisville: The Office of the General Assembly, 1992).

Jan Shipps, Mormonism: *The Story of a New Religious Tradition* (Urbana and Chicago: University of Illinois Press, 1985).

John Simmons & Wilson Brian, *Competing Visions of Paradise: The California Experience of Nineteenth-Century American Sectarianism* (Santa Barbara: Fithian Press, 1993).

Rodney Stark and William Sims Bainbridge, "Of Church, Sects, and Cults: Preliminary Concepts for a Theory of Religious Movements." *Journal for the Scientific Study of Religion* 18 (1979).

_____, "Cult Formation: Three Cmpatible Models", *Sociological Analysis* 40 (1979).

_____, *The Future of Religion: Secularization, Revival and Cult Formation* (Berkeley, CA: University of California Press, 1985).

The Anchor Bible Dictionary (New York: Doubledy, 1992).

The Holy Spirit Association for the Unification of World Christianity, *Exposition of the Divine Principle* (New York: The Holy Spirit Association for the Unification of World Christianity, 1996).

"The Most Important People of the Millennium", *Time* (1999. 12. 31).

The Oxford Dictionary of the Christian Church (London: Oxford University Press, 1997).

Ernst Troeltsch, *The Social Teaching of the Christian Churches*, vol. 1. trans. (Olive Wyon, New York: Harper & Brothers, 1960).

Max Weber, "The Protestant Sects and the Spirit of Capitalism" in *From Max Weber Essays in Sociology* (New York: Oxford University Press, 1946).

_____, *The Methodology of the Social Sciences* (Glencoe, IL: Free Press, 1949).